PSICOTERAPIA CENTRADA EN LA PERSONA

Perspectivas y Desarrollos Contemporáneos

Alejandro López Marín
Francisco Bahamonde Martínez
Daniela Sáenz Galvis
Andrea Pardo Bernini
Luis Robles Campos
Ricardo García Jiménez

Espacio ECP

Psicoterapia Centrada en la Persona: Perspectivas y Desarrollos Contemporáneos

www.espacioecp.com

Alejandro López Marín, Francisco Bahamonde Martínez, Daniela Sáenz Galvis, Andrea Pardo Bernini, Luis Robles Campos, Ricardo García Jiménez

Primera edición: 2023

I.S.B.N.: 978-956-09934-0-3
Registro de propiedad intelectual: 2023-A-3175

Diseño de portada: Alejandra Campos Cárdenas

Corrección de estilo: Eliana Mugnolo

Organización y coordinación: Alejandro López Marín & Francisco Bahamonde Martínez

Impreso por: www.edicionesondemand.cl

Impreso en Chile/Printed in Chile

ÍNDICE

PRÓLOGO

Es un honor y un placer para mí responder a la amable invitación que me ha extendido Espacio ECP de colaborar con unas breves líneas como prólogo para el libro que hoy llega a tus manos: *Psicoterapia centrada en la persona: Perspectivas y desarrollos contemporáneos.*

Permítanme comenzar situando este libro dentro del marco de *Espacio ECP - Núcleo de Estudios y Formación en Terapia Centrada en la Persona*, que es una Sociedad de Responsabilidad Limitada, fundada en 2016 en la región sur de Chile por Alejandro López Marín y Francisco Bahamonde Martínez, institución que se ha fijado dos líneas de trabajo: a) formación y b) investigación y difusión, con el objetivo de generar un espacio para el desarrollo de una psicología humanista de calidad, con altos estándares éticos y adecuada a las necesidades del mundo actual con base en la obra de Carl Rogers y autores contemporáneos que han continuado y ampliado su obra, tal como indica su página web *www.espacioecp.com*, de la que tomo los datos correspondientes.

Los seis autores que contribuyen con sus trabajos a este libro cuentan con una formación profesional en el campo de la psicología y son profesores del *Diplomado en Psicoterapia Centrada en la Persona*, el único programa existente en dicho ámbito en Chile, ofrecido por Espacio ECP, como parte de su primera línea de trabajo, que es la formación.

Los autores: Francisco Bahamonde Martínez, Ricardo

García Jiménez, Alejandro López Marín, Andrea Pardo Bernini, Luis Robles Campos y Daniela Sáenz Galvis, se han integrado al grupo de profesionistas y académicos, mayoritariamente chilenos (excepto Daniela, de Colombia), que forman actualmente parte del creciente equipo de Espacio ECP.

El libro posee varios aspectos valiosos, que indicaré a continuación, para el conocimiento científico en general y, en particular, para los enfoques centrados en las personas.

En primer lugar, forma parte de la investigación/difusión, segunda línea de trabajo de Espacio ECP, institución que publica desde 2020 la revista electrónica Espacio ECP, e inaugura con el presente la publicación de libros.

Al mismo tiempo, constituye una valiosa aportación a la difusión de los resultados de estudios científicos sobre los enfoques centrados en las personas, labor que, más allá de las realizaciones logradas en algunos otros países de habla española y portuguesa, tales como Argentina, Brasil y México, se amplía ahora con esta obra en beneficio de nuestra región cultural iberoamericana.

Por otro lado, la juventud de los autores es un valor adicional de la obra, ya que reafirma la vigencia y pujanza en este siglo XXI de los que personalmente he propuesto llamar enfoques centrados en las personas (Segrera, 2020), asegurando el relevo de los pioneros de dichos enfoques en la región cultural iberoamericana y en el resto del mundo, muchos de los cuales ya han fallecido o, como en el caso del autor, solo pueden aspirar a un limitado período adicional de existencia terrenal. La presencia de nuevas generaciones comprometidas con el estudio y práctica de los enfoques mencionados es definitivamente motivo de alegría.

El libro es, también, producto de un trabajo concertado de un grupo de autores que, compartiendo los elementos básicos centrados en las personas, nos ofrecen al mismo tiempo una hermosa sinfonía, en la que se entrelazan sus diversas perspectivas personales en un esfuerzo en equipo.

Es un aporte colectivo chileno a los enfoques centrados en las personas dentro de la región cultural iberoamericana, "formada por 27 países y territorios cuyo idioma oficial es el español o el portugués, distribuidos en varios continentes: América del Norte: 1; América Central y Caribe: 9; América del Sur: 10; Europa: 2; y África: 5. Su superficie total es más del doble de la de Europa y su población en 2020 era superior en más de 10 millones de personas a la de Europa" (Segrera & Tassinari, 2022).

Por último, los capítulos presentan influencias de una variedad de líneas de desarrollo teórico centradas en las personas, como son: clásica, experiencial, experiencial-procesal, existencial-fenomenológica y expresiva, las que aportan, cada una de ellas y en conjunto, matices diferenciales que se complementan entre sí.

Espero que la lectura de los trabajos incluidos en esta obra te permita, querido lector, una profundización en tu conocimiento de la riqueza de los enfoques centrados en las personas, que contribuya a tu propio desarrollo humano y relaciones interpersonales y te permita desarrollar una más sólida labor profesional y académica.

Alberto S. Segrera
Cuajimalpa, Ciudad de México
Febrero de 2023

Referencias

Segrera, A. S. (2020). La riqueza de la diversidad de los enfoques centrados en las personas: Una perspectiva iberoamericana. Versión actualizada de un trabajo originalmente presentado en el 14° Encuentro Latinoamericano del Enfoque Centrado en la Persona. Cartagena de Indias (Hotel Costa Caribe), Bolívar, Colombia: Fundación Centro para la Persona; 9-16 de octubre de 2008.

Segrera, A. S. & Tassinari, M. (2022). The persons-centered approaches in the Ibero-American cultural region. Paper presented to the 16th International Forum of the Person-Centered Approach. Borgo di Tragliata, Fiumicino, Italia. November 8-13.

INTRODUCCIÓN

Ricardo García Jiménez

Es un gran privilegio introducir a la comunidad latinoamericana un libro que reúne el fruto de un trabajo colectivo realizado por autores unidos por el enfoque centrado en la persona. En el contexto de las formaciones realizadas por Espacio ECP Ltda. (organización chilena del enfoque centrado en la persona), se ha generado un terreno fértil para la apertura de diálogos, inquietudes, reflexiones y nuevos aprendizajes en la interacción junto a colegas y estudiantes. El marco distintivo de este enfoque se ampara en la búsqueda comprensiva del ser humano y la visión del crecimiento de sus potencialidades a partir de las relaciones con los otros.

El primer capítulo, escrito por Daniela Sáenz Galvis, titulado "Psicoterapia centrada en la persona: la versión clásica", nos presenta un recorrido por los principales conceptos de Rogers y el contexto en que desarrolla su teoría, colocando foco en el potencial de los consultantes y la no directividad como su sello distintivo, así como la relevancia primordial de la relación terapéutica. La autora describe de forma precisa y didáctica las condiciones necesarias y suficientes (empatía, autenticidad, y aceptación positiva incondicional), y cómo éstas se entrelazan para dar el sostén a los procesos psicoterapéuticos con nuestros consultantes.

El segundo capítulo, realizado por Ricardo García Jiménez, se titula "Influencias del existencialismo y la fenomenología en el enfoque centrado en la persona: un puente filosófico" e intenta señalar los alcances de estas corrientes en el pensamiento de Rogers, abriendo así la discusión sobre temas abordados escuetamente en la literatura en español que han cobrado relevancia en la actualidad. Para este efecto, se conceptualiza brevemente el existencialismo y la fenomenología y posteriormente se reflexiona en torno a la noción de encuentro, la relación terapéutica, la psicopatología, y la ética, mediante los aportes directos de la filosofía, o bien desde terapeutas post-rogerianos que buscaron superar algunas brechas conceptuales del enfoque centrado en la persona más clásico.

Más adelante, en el tercer capítulo, escrito por Alejandro López Marín "Teoría experiencial y focusing en psicoterapia centrada en la persona: consideraciones y posibilidades", se abordan los principales conceptos e ideas aportadas por Gendlin y el impacto que éste tuvo en la psicoterapia centrada en la persona, fruto de la relación con Rogers. Toman relevancia la noción de experiencing, de sensación sentida, y de focusing (focalización) como una forma de acceder al mundo implícito del consultante. Estos elementos son rigurosamente expuestos, resaltando la diferencia de utilizarlo como una mera técnica a usarlo desde una actitud que permita resguardar la coherencia con la psicoterapia centrada en la persona.

El cuarto capítulo, escrito por Luis Robles Campos, titulado "El abordaje de la psicopatología grave y crónica: una introducción a la pre-terapia", nos presenta una excelente panorámica de la obra de Garry Prouty, a partir de la revisión crítica del tema del contacto psicológico propuesto inicialmente por Rogers. Se describen ejemplos de los reflejos de contacto, presentando la pre-terapia como una evolución teórica y práctica necesaria y luminosa para la intervención con consultantes con contacto psicológico disminuido, deteriorado, o ausente que se expresan en los sufrimientos más graves, crónicos, orgánicos, como las psicosis, esquizofrenia o discapacidad intelectual, las que tradicionalmente eran visualizadas como "fuera de alcance terapéutico".

El quinto capítulo, titulado "Terapia de juego centrado en el niño y la niña: teoría y práctica", escrito por Francisco Bahamonde Martínez, se entrega una clara visión del enfoque para el trabajo con niños y la importancia del juego en su desarrollo. A partir de los de los ocho principios formulados por Virginia Axline, se realiza una interesante comparación con las nociones teóricas y actitudinales descritas por Carl Rogers. Y a continuación, se realiza un recorrido sobre la temática con literatura actualizada, colocando énfasis tanto en los aspectos relacionales, y en elementos prácticos como el encuadre, los materiales, juguetes y estructura de la sala de juego.

A continuación, en el sexto capítulo, Alejandro López Marín nos presenta "Artes expresivas centradas en la persona: una introducción a la conexión creativa". En este capítulo, se muestra de manera introductoria la innovadora forma en que la utilización de algunos elementos artísticos puede comunicar las actitudes terapéuticas. Esta mirada tiene su fundamento en la obra de Natalie Rogers, quien creía que los procesos creativos tenían un gran potencial curativo y comprensivo que aumentaba la autoconciencia, manteniendo un marco centrado en la persona que no se encuentre enfocado en diagnosticar o analizar el material, sino en la autoexpresión y el proceso creativo mismo.

Luego, en "Conociendo la entrevista motivacional y su desarrollo a partir del ECP: consideraciones y posibilidades", el séptimo capítulo, la autora Andrea Pardo Bernini nos muestra una novedosa integración teórica de la entrevista motivacional usada para el tratamiento de adicciones con algunos elementos del enfoque centrado en la persona, especialmente con la empatía y la no directividad. Se realiza una detallada descripción histórica de la entrevista motivacional y sus bases, con el propósito de brindar un marco conceptual sobre los procesos de cambio, abriendo la reflexión a sus similitudes y diferencias con el enfoque centrado en la persona. A continuación, revisa su aplicación más allá de las adicciones, como es el caso de las adherencias a tratamientos de salud física.

Finalmente, en el octavo capítulo “Fragilidad relacional y experiencial en los trastornos de la personalidad: una aproximación centrada en la persona”, Luis Robles Campos nos introduce en uno de los sufrimientos más desafiantes para los terapeutas en la actualidad. El autor desarrolla a partir de los conceptos acuñados por Margaret Warner y la revisión de una gran cantidad de literatura actualizada, las características del proceso frágil y sus implicancias clínicas. Este tipo de sufrimiento nos interpela a realizar diversos cambios a los formatos estándares de psicoterapia y nos provee de conceptos, y elementos técnicos específicos para sintonizar con la fragilidad relacional y experiencial de estos consultantes.

Creo firmemente que este es un inicio de una necesidad tan largamente postergada por algunas de las psicoterapias humanistas, de sistematizar y profundizar reflexiones que unen la teoría con la práctica, así como nutrir la obra de Carl Rogers con posteriores evoluciones y discusiones actuales de la comunidad centrada en la persona, como una manera de tornarla viva y abierta a los aspectos novedosos de las dinámicas sociales y, por ende, a los sufrimientos que se muestran en la clínica de nuestros consultantes en el día a día. Espero que el presente libro ayude en alguna medida a nuestra comunidad centrada en la persona a iniciar este laborioso camino.

CAPÍTULO 1
Psicoterapia centrada en la persona: la versión clásica
Daniela Sáenz Galvis

INTRODUCCIÓN

Si estás leyendo este libro, tal vez tuviste una experiencia como la mía. Cuando terminé mi carrera, sabía que quería formarme como psicóloga clínica, pero los distintos tipos de terapia que ofrecía mi universidad y mi país (Colombia), no me convencían del todo. Había algo en las terapias cognitivo-conductuales o psicodinámicas que no se alineaba con mis valores como persona. Sabía que tenía que buscar algo dentro del humanismo o existencialismo. Entonces, conocí el enfoque centrado en la persona y me enamoré. Este capítulo, tratará de lo que se ha conocido como la versión clásica de la psicoterapia centrada en la persona.

La terapia centrada en la persona, conocida también como terapia no directiva, centrada en el cliente o terapia rogeriana, es una forma de psicoterapia desarrollada por Carl Ransom Rogers desde los años 40. Rogers luego aplicó los postulados base de la terapia a otros campos como la educación, la resolución de conflictos, el trabajo con grupos, las organizaciones (Rogers, 1977), entre otros, lo que dio paso a la denominación de enfoque centrado en la persona. Dentro de este enfoque, se ha mantenido una visión pluralista y de mente abierta, lo que permitió que se viera influenciado por autores de otros modelos. A su vez, esto facilitó distintas ramificaciones de este enfoque, entre ellas, las encabezadas por autores como Gendlin (quien desarrolló el focusing), Prouty (elaboró la preterapia), Natalie

Rogers (hija de Rogers, quien creó la rama artística del enfoque), Axline (quien adaptó la teoría para trabajar con niños), entre otros. Varios de estos desarrollos se explorarán más adelante en el libro.

En este capítulo, se explicará de manera breve algunos conceptos[1] clave del enfoque centrado en la persona; se revisará la teoría de la personalidad y la teoría de la terapia; se explorará el proceso de cambio y las etapas del proceso de terapia, y finalmente se formularán algunas conclusiones.

CONCEPTOS CLAVE DEL ENFOQUE Y DE LA TERAPIA CENTRADA EN LA PERSONA

Desde el enfoque centrado en la persona, creemos que los seres humanos tienden naturalmente hacia el crecimiento (Rogers, 1957b). Este enfoque presenta un modelo de potencialidad en el que los humanos son considerados individuos que tienden hacia el desarrollo, la cooperación con otros, la autoregulación y el mejoramiento de sí mismos y de la especie (Rogers, 1951; Rogers, 1957b; Schmid, 2013). Vale aclarar que no necesariamente vamos a alcanzar todas nuestras potencialidades, sino que vamos a tender a hacerlo: su realización va a depender del entorno y muchas otras variables. Rogers acuñó el término ***tendencia actualizante***[2] para referirse a este concepto básico.

De igual forma, en este enfoque confiamos en las

---

[1] Dependiendo de la traducción al español, algunos de estos conceptos pueden tener traducciones distintas (i.e. algunas traducciones usan el término condición de valía y otras, condición de valor). Sin embargo, son sinónimos y se refieren a lo mismo.
Asimismo, se usará de manera variable la/el consultante; el/la terapeuta; y se usarán como sinónimos psicoterapeuta y terapeuta.

[2] Este concepto es mucho más profundo de lo que se permite explorar en este capítulo. Para una comprensión más detallada de este, referirse a los textos básicos de Rogers en las referencias (1951, 1959).

habilidades del individuo para entenderse a sí mismo, para cambiar tanto su comportamiento como la forma en la que se percibe (Axline, 1947; Smyth, 2013). Esto se debe a que, al igual que otras terapias dentro del humanismo y el existencialismo, entendemos que somos personas libres, responsables, y capaces de dirigir nuestro comportamiento. Con esto en mente, no tiene sentido que dictemos el curso del proceso terapéutico; más bien, nuestro rol es acompañar a nuestros consultantes, facilitando el desarrollo de sus recursos y herramientas. A partir de estas ideas, surgió uno de los pilares del modelo clásico de la terapia: la ***no directividad***. Esto no significa que la terapia carezca de dirección, sino que la dirección la establece el cliente. En palabras de Rogers (1961):

> Es el cliente quien sabe qué duele, qué dirección tomar, qué problemas son cruciales, cuáles experiencias han sido enterradas profundamente. Empecé a entender que a menos que yo necesite demostrar mi propia inteligencia y aprendizaje, haría mejor en confiarle a mi cliente la dirección del movimiento del proceso terapéutico (pp. 11–12).

Esto demuestra el respeto que sentimos los terapeutas de este enfoque hacia nuestros consultantes, así como nuestra convicción de que los individuos no tienen que ser guiados hacia el ajuste psicológico, sino que lo pueden hacer por sí mismos (Murphy & Joseph, 2016). De esta manera, "no es que este enfoque dé poder a la persona, es que nunca se lo quita" (Rogers, 1977, p.xii), ya que la persona siempre será la experta en su propia vida, no la terapeuta. Este fue un concepto bastante radical, pues cuestionaba el desbalance en autoridad y poder que era inherente en la terapia (Murphy & Hayes, 2015): en otros enfoques, el paciente era un sujeto pasivo y el terapeuta, un sujeto omnisciente y activo. De aquí que, dentro del enfoque centrado en la persona, se les llame consultantes, pues tienen un rol activo dentro de su proceso. Así, se puede decir que "la terapia centrada en la persona no era una simple evolución del psicoanálisis o del conductismo: era una reacción política hacia ellos" (Murphy y Hayes, 2015, p.296).

Otro elemento fundamental de la terapia rogeriana clásica es la **relación terapéutica como herramienta principal**, en vez del uso de técnicas específicas para alcanzar objetivos deseados. De hecho, el factor clave dentro de este tipo de terapia es la relación que tengamos con nuestros consultantes y las actitudes que podamos mantener dentro de la relación (Bryant-Jefferies, 2005). De este modo, la herramienta principal que usará el terapeuta de este enfoque es su compresión del mundo subjetivo de sus consultantes y su capacidad para conectar de manera genuina y empática con ellos. Esto se profundizará en la descripción de las ***condiciones suficientes y necesarias***. Vinculado al tipo de relación que se pueda formar con el consultante, está el sí mismo del terapeuta, que en la terapia centrada en la persona es usado para promover el cambio. De esta manera, es que nos relacionamos con nuestros consultantes de forma completa, no desde la posición distante del experto (Gehart, 2016). Por lo tanto, en este enfoque es imperativo que trabajemos en nosotros mismos como personas y como profesionales.

Este enfoque tiene cercanía con una perspectiva fenomenológica (se discutirá con mayor profundidad en el capítulo 2), que en este contexto se podría definir brevemente como una mirada que examina la realidad subjetiva e interna de las personas (Gehart, 2016). Desde esta línea, el enfoque centrado en la persona nos invita a ver el mundo a través de los ojos de nuestros consultantes, a ver su realidad subjetiva (Rogers, 1951; 1959). Esto sería lo opuesto a enfoques positivistas, en donde se asume que existe una realidad objetiva que define y a la vez clasifica comportamientos en desórdenes, por ejemplo, ansiedad. El interés del terapeuta centrado en la persona no es clasificar ni etiquetar al individuo como "depresivo", sino entender desde el mundo de esta persona cómo se ve su tristeza, cómo la entiende, qué significa para ella. A esto es a lo que Rogers se refiere cuando utiliza el término ***marco de referencia interno.***

TEORÍA DE LA PERSONALIDAD

A medida que expandía la terapia no directiva, Rogers desarrolló simultáneamente la teoría de la personalidad desde la cual se podría comprender por qué este tipo de terapia era de ayuda (Murphy & Joseph, 2016). La teoría plantea en un primer momento que la experiencia subjetiva y fenomenológica que tiene un individuo del mundo a su alrededor es la realidad para este individuo (Rogers, 1951). En las primeras etapas de vida humana, hay momentos en los que parte de lo que estamos experimentando se asocia con nuestro "yo", convirtiéndose en experiencias del sí mismo (Murphy & Hayes, 2015) o conformando la noción del yo. Rogers (1959) define el yo como "la imagen que la persona tiene de sí misma" (p. 30). Evaluamos estas experiencias del sí mismo como "buenas" o "malas" de acuerdo con nuestros estándares, o nuestro ***proceso organísmico valorativo*** (Rogers, 1959). Este concepto es vital dentro de la teoría, ya que pone énfasis en la capacidad de los individuos de guiarse a sí mismos (Murphy & Joseph, 2016). ***El proceso organísmico valorativo*** está alineado a la ***tendencia actualizante*** innata en los seres humanos.

Como ejemplo, podemos pensar en nuestro proceso para escoger qué nos gustaba comer cuando éramos niños y qué no. Cuando tomaba leche, mi organismo se sentía satisfecho y ayudaba a mi crecimiento. Por lo tanto, mi experiencia era "me gusta la leche". En algún momento, mi organismo dejó de disfrutar la experiencia de tomar leche, pues tal vez ya no fomentaba mi crecimiento. Por esto, mi organismo reevaluó la experiencia a través del ***proceso organísmico valorativo*** (esto es, mi propio criterio) y mi nueva experiencia fue "no me gusta la leche". En condiciones ideales, los humanos desarrollaríamos una noción del yo que esté alineada con estas experiencias del sí mismo, que a su vez son validadas por nuestro ***proceso organísmico valorativo***. Este proceso siempre tiene un ***locus de evaluación interno***, es decir, la persona es el centro del proceso de evaluación y la evidencia para evaluar viene de sus propios sentidos (Rogers, 1959). Siguiendo el ejemplo, parte de mi noción del yo podría ser "soy una persona a la que no le gusta la leche". En caso de que la noción del yo se formara siempre de la mano del ***proceso organísmico valorativo***, el niño o niña podría desarrollar todas sus potencialidades únicas (Murphy & Joseph, 2016). A diferencia de esta situación ideal, la mayoría de nosotros encontramos en nuestra crianza ***aceptación positiva condicional***. A partir de esto, desarrollamos ***condiciones de valía***. Para entender estos conceptos y lo que sucede, es pertinente volver al desarrollo infantil.

La teoría del enfoque centrado en la persona postula que, a medida que crecemos, desarrollamos la necesidad de recibir aceptación positiva (Standal, 1954). Es decir, necesitamos ser amados y aceptados. Esta necesidad es tan fuerte que puede desplazar nuestra tendencia innata a desarrollarnos y crecer: la ***tendencia actualizante*** (Wilkins, 2016). Según Rogers (1959), este desplazamiento tiende a ocurrir en todos nosotros, ya que en algún momento de nuestra infancia hubo ciertos comportamientos que fueron considerados valiosos y otros no. Por lo tanto, recibíamos

aceptación positiva condicional solamente cuando hacíamos ciertas acciones (de aquí que sea condicional). Cuando niños, pudimos tener experiencias del sí mismo que satisfacían una necesidad y, por lo tanto, "se sentían bien" pues estaban alineadas a nuestro ***proceso organísmico valorativo***. Sin embargo, si nuestros cuidadores juzgaban esta experiencia como negativa, esto amenazaría nuestra necesidad de recibir aceptación positiva y nos impulsaría a distorsionar o negar estas experiencias (Moon, Rice & Schneider, 2001). Por ejemplo, si un niño llora, tal vez sus padres o cuidadores lo regañarán porque "los hombres no lloran", mientras que lo felicitarán si es "valiente" y no externaliza estas emociones. En el segundo escenario, el niño estaría recibiendo ***aceptación positiva condicional*** por no llorar y estaría negando su experiencia interna de tristeza. De esta forma, introyectamos los valores de nuestros cuidadores y nos alejamos de nuestro ***proceso organísmico valorativo***, al mismo tiempo que desarrollamos nuestra noción del yo. Así es como desarrollamos comportamientos y experiencias que son consistentes con cómo deberíamos comportarnos según nuestros cuidadores (Mearns & Thorne, 1999).

Muy pronto en nuestra infancia, emerge también en nosotros la necesidad de ***auto-aceptación positiva***, ya que aprendemos a asociar ciertos comportamientos que fueron recibidos con aceptación positiva por nuestros seres queridos con la satisfacción de recibir esta aceptación. De esta manera, cada vez que tengamos una experiencia que sea o pueda ser asociada con la aceptación positiva de nuestros cuidadores, vamos a poder satisfacer la necesidad de aceptación positiva sin la presencia de nuestros seres queridos (Standal, 1954). Continuando con el ejemplo anterior, cada vez que el niño no llore, sentirá que es aceptado, aunque sus seres queridos no estén allí para hacerlo. Así, desarrollamos autoaceptación positiva condicional para poder mantener la aceptación positiva (o el amor y sentimiento de valía) que necesitamos. Ya que tendemos a mantenernos y desarrollarnos como individuos (***tendencia actualizante***), nuestra noción del yo mantiene estos comportamientos de los cuales recibimos aceptación positiva (Rogers, 1959). Es decir, nuestra ***tendencia actualizante*** se desplaza hacia el mantenimiento y desarrollo de un sí mismo que sí recibe amor. En este punto, hemos adquirido una ***condición de valía***: impulsados por el miedo a perder la aceptación positiva de nuestros cuidadores o seres queridos, evitamos o buscamos activamente experiencias que valoramos como más o menos valiosas en términos de autoaceptación (Rogers, 1959). En otras palabras, una ***condición de valía*** es la camisa de fuerza autoimpuesta que estamos dispuestos a usar para evitar perder el amor y aprobación que recibimos de otros (Mearns & Thorne, 1999).

En algunas ocasiones, nuestra noción del yo ***"subcibe"*** (término creado por Rogers [1959] para referirse a un estímulo sin el reconocimiento consciente de este) una experiencia que amenaza su estructura. Por ejemplo, el niño del ejemplo anterior siente gran tristeza y quiere llorar. Esto amenaza a la noción del yo del niño que tiene como pilar: "soy un niño que no llora". Para protegerse, el sí mismo usa defensas (i.e. racionalización) que le permiten distorsionar o negar la experiencia (en este caso, la tristeza) con lo que el niño puede decir "no quiero llorar, sólo me entró algo en el ojo". Cuando las experiencias son negadas o distorsionadas y no pueden ser integradas (o, en términos rogerianos, ***simbolizadas correctamente***) a la noción del yo, pues lo contradicen, se entiende entonces que la persona tiene un ***desajuste psicológico*** (Rogers, 1959). De esta forma, en vez de usar el ***proceso organísmico valorativo***, "empezamos a ver al sí mismo [o la noción del yo] como el criterio por el cual el organismo descarta las experiencias que no podrían ser permitidas cómodamente en la consciencia" (Rogers, 1959, p.202). Además, este criterio adquirido por la noción del yo es externo, son los valores de nuestros cuidadores, por lo tanto, tenemos un ***locus de evaluación externo***. En este punto, hay una brecha entre la descripción del sí mismo y la experiencia interna del individuo. A esta discrepancia se le llama ***incongruencia.***

Usualmente, las defensas logran negar o distorsionar las experiencias que no son bienvenidas por el sí mismo, pero en algunas circunstancias, las defensas no son suficientes y estas experiencias son súbitamente percibidas en nuestra consciencia (Rogers, 1959), o ***simbolizadas correctamente***. Esto genera sentimientos de amenaza y ansiedad y, dependiendo de qué tan grande sea la brecha, pueden generar desorganización de la personalidad y, en los casos más extremos, psicosis. Por lo general, cuando la amenaza se hace muy visible y genera gran ansiedad, las personas buscan ayuda (i.e. van a terapia).

A partir de lo anterior, se puede inferir otro elemento importante dentro de la teoría: todas las formas de malestar y disfunción psicológicas que no sean biológicas en su naturaleza vienen de la ***incongruencia*** como única causa psicológica (Murphy & Joseph, 2016). Sin embargo, la incongruencia puede tomar varias formas y será única para cada persona, pues dependerá de su entorno y sus circunstancias. Además, se podría decir que todos nosotros tenemos cierto grado de ***incongruencia*** en distintas áreas de nuestras vidas. No obstante, los seres humanos tenemos la capacidad de alejarnos de nuestras condiciones de valía y acceder a nuestros recursos innatos, si tenemos el entorno adecuado. Esto es, relaciones humanas en donde nos sintamos aceptados incondicionalmente. Rogers (1951) sugirió que un espacio con estas condiciones es la terapia centrada en la persona.

TEORÍA DE LA TERAPIA

Después de casi dos décadas de investigación, Rogers propuso seis ***condiciones suficientes y necesarias*** que permiten el cambio terapéutico en psicoterapia. Este tipo de cambio, superficial o estructural, lleva a menor conflicto interno y a mayor integración de la consultante (Rogers, 1957a). Rogers argumenta que, para que el cambio inicie en terapia, son necesarias estas condiciones, pero que, además, son suficientes para éste (no es necesario hacer nada más). Estas seis condiciones sostenidas en el tiempo pueden contrarrestar los efectos de las ***condiciones de valía*** que traiga la consultante y permiten que vuelva a confiar en su ***proceso organísmico valorativo***.

Las seis ***condiciones suficientes y necesarias*** (Rogers, 1957a) son:

1. Dos personas están en ***contacto psicológico***.
2. La primera, a quien se le denominará consultante, está en un estado de ***incongruencia***, vulnerabilidad o ansiedad.
3. La segunda persona, a la que se le denominará terapeuta, es ***congruente*** o está integrada en la relación.
4. La terapeuta experimenta ***aceptación positiva incondicional*** por la consultante.
5. La terapeuta experimenta ***comprensión empática*** hacia el ***marco de referencia interno*** de la consultante e intenta comunicárselo.
6. La comunicación tanto de la ***aceptación positiva incondicional*** como de la ***comprensión empática*** son recibidas exitosamente por la consultante en un grado mínimo.

Dentro de estas 6 condiciones, la tercera, cuarta y quinta son responsabilidad de la psicoterapeuta. A estas tres condiciones, se les conoce como las ***actitudes básicas***. A continuación, se revisará en detalle estas condiciones, menos la segunda, pues el término ***incongruencia*** ya fue explicado.

CONTACTO PSICOLÓGICO

Esta primera condición establece que el cambio ocurre en relación con un otro (Rogers, 1957a). Dentro de la teoría de la terapia, se habla de contacto psicológico cuando "dos personas [...] tienen el mínimo esencial en una relación, cuando cada uno hace una diferencia percibida en el campo experiencial del otro" (Rogers, 1959, p. 207). Es decir, cuando puedo notar y soy consciente de la presencia del otro y puedo establecer una relación mínima con éste. En algunos consultantes con procesos complejos (i.e. psicóticos), establecer contacto psicológico puede ser el objetivo principal de la sesión (esto se abordará más a fondo en el capítulo 4).

CONGRUENCIA

En la literatura se han usado varios sinónimos para describir la congruencia: autenticidad, transparencia, ser genuino, o integrado, y, usualmente, se refieren a la congruencia del psicoterapeuta con su consultante en el espacio de terapia. No obstante, la congruencia, junto con las otras ***actitudes básicas***, hace parte de una forma de ser de los terapeutas centrados en la persona a la que se aspira, no de técnicas que se "activan" una vez en presencia del consultante. Según Rogers (1957a), el terapeuta que es congruente es libre de ser él mismo en la relación, lo cual es lo contrario a tener alguna fachada (ya sea que el terapeuta sea consciente de esta fachada o no) o de estar "a la defensiva".

Desde un punto de vista social, ser congruente es estar en ***ajuste psicológico*** (Rogers, 1959). La congruencia también puede ser definida como la alineación entre: nuestras experiencias internas, lo que creemos estar experimentando internamente y lo que expresamos (Rogers, 1980; Mearns & Thorne, 2011; Cornelius-White; 2013). Por ejemplo, si en el espacio de terapia algo de lo que me está contando mi consultante me hace sentir triste, logro percibir en mi consciencia esta tristeza y, si creo pertinente expresarlo, podría decir "lo que acabas de decir me hace sentir triste". Acá, es posible argumentar que en ese instante estoy siendo congruente en la relación con mi consultante. Algo distinto sería si, aunque sienta tristeza, la distorsione como incomodidad y exprese algo que esté alineado con esa distorsión, como una risa nerviosa (ver imagen 1). Esta alineación es sólo posible si los terapeutas se conocen a sí mismos; si pueden reconocer y aceptar sus propios sentimientos a medida que se transforman en la sesión, y si han trabajado lo suficiente en ellos mismos para bajar sus defensas y poder admitir sentimientos o experiencias incómodas en la consciencia sin negarlas o distorsionarlas. Esto es igual de válido para sentimientos que sean difíciles de aceptar en terapia tales como "no me gusta este consultante" o "le tengo miedo". Para esto, los psicoterapeutas centrados en la persona trabajamos en nuestras vulnerabilidades y prejuicios. Como menciona Cornelius-White (2013), la congruencia tiene que ver con estar abiertos a las experiencias y estar dispuestos al cambio. Este proceso no tiene fin, es un trabajo constante.

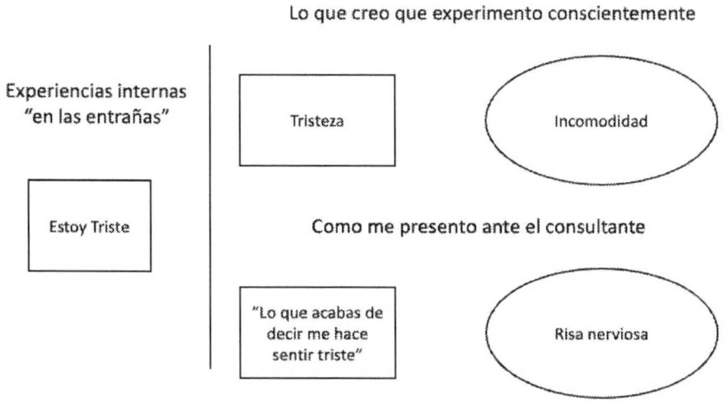

Imagen 1 - La experiencia interna "en las entrañas" es distorsionada y representada en círculos, a diferencia de la experiencia no distorsionada, representada en cuadros.

La congruencia es usualmente descrita como un estado. Esto apunta al hecho de que no es posible que los psicoterapeutas mantengan la alineación descrita anteriormente en todos los aspectos de su vida, pero sí es necesario y suficiente que la mantengan en la hora de terapia (Rogers, 1957a). Asimismo, la congruencia no es sinónimo de expresar todo lo que sentimos o pensamos hacia nuestros consultantes. Sabemos que debemos compartir estos pensamientos o sentimientos cuando éstos nos impidan expresar ***empatía*** y ofrecer ***aceptación positiva incondicional*** a nuestro consultante. A veces, no tenemos que expresar estos sentimientos con nuestro consultante, sino con otra persona, ya sea un colega o nuestro supervisor.

Tal vez, en este momento te preguntarás por qué es necesario ser genuino en terapia. En caso de que el terapeuta sienta incomodidad hacia el consultante, pero la distorsione y trate de demostrar empatía, es muy probable que el consultante perciba esta incoherencia o ***incongruencia***. Este doble mensaje puede generar confusión e incluso desconfianza en el consultante, sobre todo al trabajar con niños y jóvenes (ver capítulo 5) o adultos con procesos frágiles (ver capítulo 8). Así, luego de varios años de experiencia e investigación, Rogers propuso que el terapeuta no debería ser un profesional alejado, sino que tenía que entrar en contacto psicológico con el consultante, de manera no editada y genuina. El objetivo de esto es tener un encuentro humano auténtico, que permita la interacción e intimidad reales entre iguales. Es este tipo de relación la que promueve el cambio.

ACEPTACIÓN POSITIVA INCONDICIONAL

En su artículo de 1957(a), Rogers define la aceptación positiva incondicional en terapia como "el grado en el que el terapeuta [...] experimenta una aceptación cálida por cada uno de los aspectos de la experiencia de su consultante" (p.243). No hay condicionalidad o "te acepto sólo si haces X o eres Y". En su lugar, se aprecian tanto los sentimientos o expresiones "negativas" del consultante como las "positivas" (Rogers, 1957a; Mearns & Thorne, 2011). Además, Rogers (1957a) añade que sentir aceptación positiva incondicional por un consultante significa sentir cariño por ese individuo como alguien distinto, que tiene derecho a sus propios sentimientos y experiencias. Por ejemplo, si un consultante es racista, sexista, clasista o si un pequeño consultante me arroja arena en la cara ¿soy capaz de demostrar aceptación positiva incondicional? A veces, este término suele confundirse con "estar de acuerdo con todas las acciones y pensamientos del consultante", pero este no es el objetivo. Como explican Mearns y Thorne (2011), estamos al lado de nuestro consultante, no de su lado. En mi experiencia, una vez entiendo de dónde vienen los prejuicios de mi consultante y lo entiendo profundamente, puedo ofrecerle aceptación positiva incondicional.

Según Standal (1954), la aceptación y comprensión del terapeuta tiene un rol primordial en el proceso de terapia, ya que es esta aceptación la que permite que el consultante ***simbolice correctamente*** experiencias amenazantes (sin negarlas ni distorsionarlas). Es decir, el consultante tendrá la oportunidad de descubrir, ayudado de sus propios valores y criterios, qué siente hacia cada una de sus experiencias internas, ya que la necesidad de aceptación y amor siempre será satisfecha. Así, "gradualmente, el cliente puede sentir mayor aceptación hacia todas sus experiencias del sí mismo y esto lo hace una persona más completa o congruente, capaz de funcionar efectivamente." (Rogers, 1959, p. 208). Cuando ofrecemos esto en terapia, nuestros consultantes pueden empezar a aceptarse a sí mismos, pues el terapeuta los ve como son y aun así los acepta (Rogers, 1951). Entonces, surge la pregunta: ¿si esta persona me puede aceptar, será que yo puedo aceptarme? De esta forma, se pueden reducir las ***condiciones de valía*** y se fomenta la ***autoaceptación positiva incondicional*** en los consultantes (imagen 2).

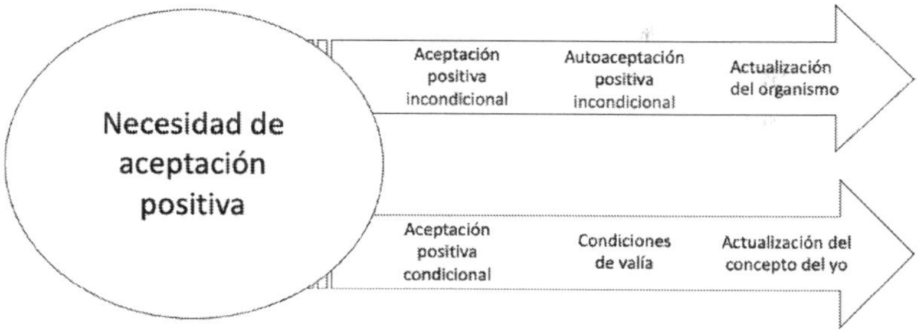

Imagen 2. Dependiendo de si se responde a la necesidad básica de aceptación positiva con aceptación positiva condicional o incondicional, la tendencia actualizante actualizará el organismo o el concepto del yo.

No tendría sentido esperar que un consultante se acepte a sí mismo, si nosotros como terapeutas no hacemos lo propio (Rogers, 1951; Mearns & Thorne, 2007). De esta forma, este concepto también apunta hacia el trabajo personal del terapeuta, pues para aceptarnos, tenemos que conocernos y entendernos bien. Como terapeutas, usualmente hacemos esto a través de nuestra propia psicoterapia personal donde nos sentimos aceptados incondicionalmente. Como afirman Murphy y Hayes (2015), la aceptación positiva es un proceso recíproco: entre más aceptación positiva incondicional reciba una persona, mayor capacidad de aceptar a otros.

Si la ***congruencia*** es un estado, la aceptación positiva incondicional es una actitud. Mearns y Thorne (2011) mencionan que "el counselor que tiene esta actitud valora profundamente la humanidad de su consultante [...]. La actitud se manifiesta en la aceptación consistente y también en la calidez perdurable del counselor hacia su consultante" (p.137). Esto es, debe ser una actitud que se mantenga en el tiempo, que sea consistente y evidente para el consultante. Es más probable que, al aceptar realmente a mi consultante tal cual es en el momento, éste pueda cambiar. Esta es la gran paradoja de la terapia centrada en la persona.

Finalmente, sentir aceptación positiva incondicional hacia nuestros consultantes no significa nunca tener juicios de valor hacia ellos, pero sí entender que nos será más difícil establecer una relación terapéutica con ellos de ser así. Cuando juzgamos o expresamos estos juicios, cerramos la comunicación. ¿Te ha pasado que le cuentas algo a alguien, sientes que te juzgó y, por lo tanto, prefieres no seguir la conversación? En caso de sentir cualquier tipo de juicio hacia su consultante, el terapeuta centrado en la persona lleva el tema a supervisión y se revisa a sí mismo. Una vez el consultante se siente aceptado y entendido de manera profunda, nos ganamos el derecho a estar detrás del escudo (Mearns & Thorne, 2011), detrás de sus defensas.

COMPRENSIÓN EMPÁTICA

La comprensión empática es entender adecuadamente la experiencia consciente (ya sean pensamientos, sentimientos o significados, percibidos o "subcibidos") de la consultante (Rogers, 1957a). Es entender "el mundo privado de la consultante «como sí» fuera el propio" (Rogers, 1957a, p. 243), esto es, siendo capaces de ponernos en los zapatos de nuestra consultante hasta el punto de sentir los sentimientos de ella, sin que se mezclen con los nuestros. La comprensión empática es también estar abiertos a entender la realidad de nuestra consultante desde su marco de referencia interno, dejando de lado nuestra visión del mundo y nuestros prejuicios (incluidos los diagnósticos) "con el objetivo de comprender, con adecuada precisión, el significado exacto de lo que la consultante está experimentando" (Freire, 2013, p.167). De este modo, intentamos entender a nuestra consultante mirando el mundo a través de sus ojos y reflejamos esta comprensión lo mejor posible, como si fuéramos un espejo (Mearns & Thorne, 2011). Si la consultante se siente entendida, esto la llevará a entenderse mejor, pues le permite oírse a sí misma, clarificar sus sentimientos y pensamientos, además de obtener insights (Rogers, 1980). Cuando vemos nuestras experiencias comprendidas y reflejadas adecuadamente por el terapeuta, podemos aceptar más nuestras experiencias y por lo tanto aceptarnos más a nosotros mismos.

La razón por la cual la empatía es tan primordial dentro de este enfoque es porque se considera la mejor forma de entender el ***marco de referencia interno*** del consultante y éste es, a su vez, el mejor punto desde el cual entender el comportamiento de quien consulta (Rogers, 1951). La empatía es un proceso, o una forma de ser en relación con el otro (Rogers, 1975; Murphy & Hayes, 2015) en la que está presente invariablemente el ***deseo*** de entenderlo. Este proceso es bastante delicado, ya que intentamos captar "significados de los cuales la consultante es poco consciente, pero sin develar sentimientos totalmente desconocidos por la persona, pues esto podría ser muy amenazante" (Rogers, 1980, p.142). Por ejemplo, aunque perciba que mi consultante está sosteniendo una visión del mundo muy frágil y esto lo está hiriendo, no necesariamente lo comparto con él. Primero, porque puede no ser el momento y, si lo menciono, puede que signifique quitarle el piso debajo de sus pies. Segundo, confío en que, de ser importante para él, podrá llegar a esa conclusión por sí mismo.

Así, ser empático también es ser considerado y cuidadoso con lo que reflejamos, siempre ofreciéndolo de manera tentativa para que la consultante pueda revisarlo internamente y confirmar o disipar malentendidos (Rogers, 1975). Es un ir y venir en el que nos dejamos guiar por las respuestas de la consultante. Además, la empatía se considera un agente curativo en sí mismo, ya que, cuando alguien te entiende profundamente, ya no estás sólo con tu problema: la empatía disipa la alienación y permite que los consultantes sientan que pertenecen (Freire, 2013). Finalmente, en el focusing, la empatía es vista como la herramienta principal que permite identificar la sensación sentida (Rogers, 1975). Para conocer más sobre focusing puede revisar el capítulo 3 de este libro.

Desde que Rogers propuso la empatía como un ingrediente indispensable en la psicoterapia, una cantidad considerable de investigación se ha llevado a cabo sobre los efectos terapéuticos de ésta (Rogers, 1975; Murphy & Hayes, 2015) y, hoy, es reconocida por todos los enfoques como una variable importante dentro del proceso terapéutico. Sin embargo, a diferencia de otras terapias, en el enfoque centrado en la persona, la empatía es un fin en sí mismo, no un medio. Esto es, no es un instrumento que nos permite crear rapport para así poder usar técnicas, sino que es una forma de relacionamiento constante y consciente que el terapeuta aspira a ofrecer en cada momento de la sesión. Continuamente, la empatía se ha visto mal interpretada y reducida a respuestas acartonadas de escucha activa o parafraseo. No obstante, la empatía es mucho más que las palabras que decimos. Por ejemplo, es también estar pendiente de las expresiones faciales o el lenguaje corporal de nuestra consultante mientras habla y experimenta lo que está presente en ese momento para ella (Bryant-Jefferies, 2005).

En pre-terapia, la empatía se aplica en respuestas empáticas o reflejos muy concretos (Mearns & Thorne, 2011) que pueden ser reflejos de situación, corporales, faciales, entre otros (ver más en detalle en el capítulo 4). Sea cual sea la forma en la que tratamos de comunicar nuestra comprensión empática, debe ser, por lo menos en cierta medida, recibida por la consultante.

ALGUNOS COMENTARIOS ACERCA DE LAS ACTITUDES BÁSICAS

Las tres actitudes básicas fueron divididas más que todo para facilitar su operacionalización y comprensión teórica. Sin embargo, muchos autores incluidos Schmid (2001), Bozarth (2013), Cornelius-White (2013) y el mismo Rogers (1959), hablan de una sola condición que integra las tres. Por lo tanto, las tres actitudes son interdependientes y, sin una de ellas, las otras no tendrían sentido ni potencia. Por ejemplo, si la empatía o la aceptación positiva incondicional parecen una fachada (no demuestran congruencia), el consultante puede no confiar en la terapeuta y no iniciaría el proceso terapéutico. Por otro lado, es gracias a nuestra comprensión del ***marco de referencia interno*** de nuestro consultante que realmente podemos apreciarlo, es decir, sentir aceptación positiva incondicional hacia él.

ACTITUDES BÁSICAS

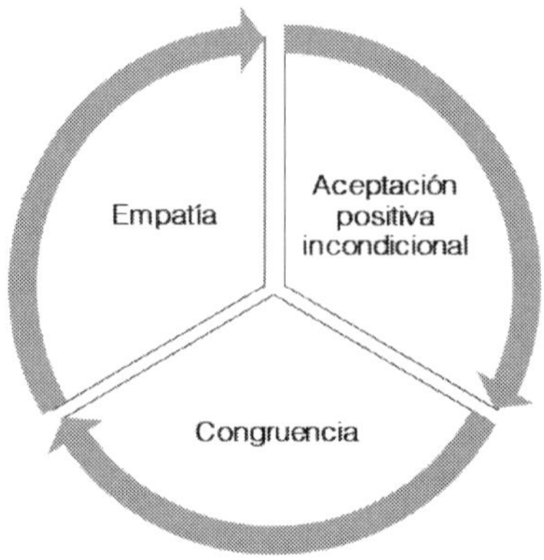

Imagen 3. Las actitudes básicas como parte de una sola condición representada por el círculo. Sin una de las partes, el círculo no está completo.

Por otro lado, las actitudes básicas no son específicas de ninguna corriente psicológica ni de ninguna profesión (Rogers, 1957a). Son habilidades que se cultivan en la vida diaria, son una forma de ser, no técnicas a aplicar. Además, son "cualidades de experiencia, no información intelectual" (Rogers, 1957a, p.246), por lo que se aprenden de forma vivencial. Asimismo, no se pueden reducir a habilidades de comunicación verbal. De hecho, el lenguaje no verbal (expresiones faciales, entonación de la voz, contacto visual, posición corporal, etc) es igual o más importante (Cornelius-White, 2013). Finalmente, no se requiere mantener las actitudes en un 100% durante toda la sesión para que la psicoterapia sea efectiva. En el proceso de terapia, como seres imperfectos podemos ayudar a otros seres imperfectos (Rogers, 1959).

EL CONSULTANTE RECIBE LAS CONDICIONES

A menos de que la comunicación de las actitudes sea recibida por el consultante, aunque sea en un grado mínimo, las actitudes mencionadas no existen en la relación. Por lo tanto, el proceso terapéutico no puede iniciar (Rogers, 1957a). La siguiente pregunta lógica es ¿cómo puedo comunicar efectivamente las condiciones? No hay una manera única de hacer esto: cada terapeuta en su idiosincrasia puede expresar de la mejor forma estas condiciones, y acá el enfoque requiere que el terapeuta sea flexible, creativo y responda a las necesidades de sus consultantes (Cornelius-White, 2013; Murphy & Joseph, 2016). Una vez se presenten estas condiciones satisfactoriamente, puede iniciar el cambio terapéutico.

EL PROCESO DE CAMBIO EN PSICOTERAPIA

El cambio, desde la teoría clásica rogeriana, se entiende como un continuo en el que los consultantes se mueven de la rigidez a la fluidez, de estar estáticos a estar en proceso (Rogers, 1961). Una vez la consultante está en un entorno que promueve el cambio (como cuando están presentes las ***condiciones***), puede reorganizar su campo de percepción, incluida la forma en la que se percibe a sí misma (Rogers, 1947). Una vez se altera la percepción de sí misma y de su entorno, su comportamiento puede cambiar naturalmente, ya que la conducta depende de cómo perciba la realidad (i.e. sí percibo que estoy siendo atacada, me defiendo). Rogers definió 7 etapas en el proceso de cambio terapéutico (1961), aunque fueron creadas más que todo con fines investigativos. A continuación, se describirá de forma resumida este proceso, sin detallar cada etapa, ya que esto es suficiente para apreciar el paso de los consultante desde lo estático a estar en proceso .

En las primeras etapas, hay poca comunicación sobre experiencias internas; los sentimientos y significados personales no son reconocidos como propios; los constructos personales (i.e. "soy un niño que no llora") son bastante rígidos y no hay interés en cambiar (Rogers, 1961). En las etapas intermedias, la consultante expresa sentimientos del pasado y algunas veces del presente (éstos últimos con aprehensión), aunque no los acepta del todo; empieza a reconocer los constructos personales como tales (no como hechos) y a cuestionar su validez; y de vez en cuando se siente responsable por sus problemas (Rogers, 1961). En las etapas finales, no requiere de un entorno que promueva el cambio y éste ocurre tanto fuera como dentro de la sesión de terapia. La consultante confía en ***su proceso organísmico valorativo***, sus nuevos sentimientos son experimentados inmediatamente y sus experiencias son vividas en el presente de manera fluida; siente mayor aceptación hacia sí misma y mayor ***congruencia***. Sus constructos personales son formulados de manera tentativa (siempre comparados a la experiencia interna) y la comunicación interna es transparente (Rogers, 1961). En esta progresión, es evidente el paso de la rigidez hacia la fluidez de ciertos ejes como la comunicación interna, la relación con y la expresión de sentimientos, los constructos personales, el asumir responsabilidad, entre otros (Rogers, 1961; Murphy & Hayes, 2015).

Vale la pena aclarar que estas etapas no se usan a modo de evaluación o diagnóstico ni se utilizan en consulta, ya que esto significaría traer un marco de referencia externo dentro de la sesión. Además, los consultantes no necesariamente están en una sola etapa a la vez ni avanzan de manera lineal a través de ellas, están en un proceso y, por lo tanto, pueden incluso retroceder (Rogers, 1961). Este proceso puede darse en semanas o meses y para algunos consultantes puede ser suficiente terminar la terapia en la etapa 4 o 5. En definitiva, las 7 etapas son útiles para percibir y nombrar el cambio, no para crear un "deber ser" en las sesiones de terapia.

De aquí que el objetivo de la terapia centrada en la persona sea que la consultante pueda crecer y que sea congruente (eliminar las diferencias entre el sí mismo percibido y las experiencias internas) (Rogers, 1947; Murphy & Hayes, 2015). Como argumentan Murphy y Hayes (2015), "el crecimiento es conseguido a medida que la consultante experimenta aceptación y es capaz de ***simbolizar*** las experiencias que anteriormente eran negadas o distorsionadas, restableciendo la ***congruencia***" (p.308). Una vez el sí mismo es aceptado, la ***tendencia actualizante*** puede retomar su curso original.

CONCLUSIONES

En este capítulo, expliqué de manera resumida conceptos significativos dentro de la literatura clásica del enfoque (Rogers, 1951,1959) como la tendencia actualizante (tendencia innata de todos los organismos hacia su desarrollo y mantenimiento), la no directividad (acompañar y respetar la dirección que quiera tomar el consultante en su propio proceso) y el marco de referencia interno del consultante (la realidad percibida por éste). Asimismo, abordé la teoría de la personalidad, en la que se constató que en este enfoque hay una causa unitaria de malestar psicológico: la incongruencia. Luego, revisé la teoría de la terapia, en la que se propone el sostenimiento de unas condiciones suficientes y necesarias que facilitan el paso de la incongruencia a la congruencia. Profundicé en las actitudes básicas: la empatía (el proceso por el cual el terapeuta mira el mundo a través de los ojos del consultante); la congruencia (el estado del terapeuta cuando alinea lo que siente internamente, lo que permite en su consciencia y lo que expresa), y la aceptación positiva incondicional (la actitud del terapeuta que le permite respetar y valorar la humanidad del otro). Finalmente, describí brevemente el proceso de cambio terapéutico dentro de la terapia centrada en la persona.

Espero que a través de las explicaciones teóricas hayas podido entrever el hilo conductor que las une: la visión del ser humano dentro del enfoque. El enfoque centrado en la persona entiende a los individuos como únicos y merecedores de aprecio y respeto por quienes son y por quienes pueden llegar a ser (Smyth, 2013). Además, entiende a los humanos como interconectados, pues la causa unitaria de malestar emocional surge de nuestra necesidad de sentir aprecio y amor de otros y se resuelve a partir de una relación de aceptación positiva incondicional con otros. Más allá de los conceptos teóricos, lo que destaca a este enfoque es su orientación hacia la relación terapéutica en vez de hacia los resultados; su foco en la persona y no en los síntomas (Schmid, 2003); y su firme creencia en la potencialidad innata presente en todos nosotros. Estos puntos se alinean con mis valores como persona y por eso ejerzo desde este enfoque. Te invito a que sigas explorando el enfoque centrado en la persona en los siguientes capítulos y que descubras si este enfoque también es para ti.

CAPÍTULO 2

Influencias del existencialismo y la fenomenología en el enfoque centrado en la persona: un puente filosófico

Ricardo García Jiménez

INTRODUCCIÓN

Este capítulo nace indudablemente de mi experiencia personal y de las inquietudes que he tenido a lo largo de más de veinte años de práctica de la psicoterapia, así como desde una docencia siempre inquieta por las cuestiones filosóficas. Tuve la fortuna de conocer parte de la obra de Carl Rogers muy joven en pregrado, en la carrera de psicología. Esta experiencia me posibilitó dejarme tocar por la riqueza de la relación terapéutica, posicionando las llamadas condiciones necesarias y suficientes, tales como la autenticidad, y el aprecio al potencial humano como centro del trabajo terapéutico. No obstante, las bases filosóficas existenciales y fenomenológicas del enfoque, parecían poco estudiadas y/o profundizadas tanto en las carreras de psicología como en las formaciones de psicoterapia, lo que no ha permitido sustentar algunos aspectos de la psicoterapia centrada en la persona, dando lugar a confusiones o lecturas erradas o superficiales de esta terapia ligada al movimiento humanista.

El humanismo, etimológicamente, se relaciona con todo aquello que se refiere al ser humano y que lo coloca como centro. Bezerra & Bezerra (2012) nos señala "toma al Hombre como foco de cualquier preocupación filosófica, es una interrogación del ser, que surge desde los filósofos griegos" (p. 4). Desde esta mirada se visualiza que para Rogers el ser humano fue su constante preocupación tanto como generador de subjetividad, su tendencia al crecimiento y la primacía de la experiencia personal por sobre las técnicas.

Durante las últimas décadas, existe un creciente interés en acercar algunas ideas de la filosofía existencial y de la fenomenología a los profesionales centrados en la persona. Dicho interés tiene como antecedentes históricos los diálogos de Rogers con filósofos como Martin Buber y Paul Tillich. Por otra parte, Rogers tuvo una larga y prolífica amistad llena de reflexiones conjuntas con Rollo May quién fuera considerado uno de los terapeutas existenciales con mayor influencia en el desarrollo de la tercera fuerza en Estados Unidos.

En el curso del desarrollo teórico de Rogers aparecen algunas referencias explícitas e implícitas al existencialismo y la fenomenología como método, lo que ha hecho que diversos autores en la actualidad intenten profundizar las bases filosóficas existencialistas en diversos aspectos, tales como: el diálogo y el encuentro en Buber (Amatuzzi, 2001, 2010), la corporalidad, y la fenomenología desde Merleau-Ponty (Moreira, 2001), la ética y la Otredad a través de Lévinas (Schimdt, 2001, 2006) o bien sobre algunos aspectos existenciales como, la libertad o la decisión (Cooper, 2003).

Si bien no es un tema compartido por toda la comunidad centrada en la persona, la mayoría de estos autores coinciden en la necesidad de nutrir y profundizar sobre aspectos menos desarrollados en Rogers con el fin de reflexionar sobre las prácticas, las metodologías de sus investigaciones, o sobre la creación de una psicopatología que permita ver el sufrimiento desde una óptica humana. Por lo tanto, este artículo se presenta como una manera de revisar y profundizar algunas de estas reflexiones, y esbozar la posibilidad de que nutran la teoría y la práctica del ECP en la actualidad a modo de puente.

EXISTENCIALISMO

El existencialismo[3] es una postura filosófica que surge en Europa a inicios del siglo XIX y que se extiende a todas las artes. Está en contra de la posición racionalista del hombre y se centra en el tema de la vida humana y el sentido, alzándose como una contraposición a la visión filosófica totalizadora y universalista de Hegel y, por lo tanto, configurando una ruptura con la tradición filosófica existente.

De acuerdo con Quitmann (1989), "la existencia se asigna únicamente a las personas, no a las cosas. Se considera como una forma de ser típica del hombre. Desamparado, solo ante la nada, arrojado hacia una realidad incomprensible" (p. 45). De esta manera, adquiere valor el tema de la elección, del hombre como ser libre, y de la responsabilidad como factores que son inherentes a la existencia misma.

Destacan en esta filosofía una serie de autores los cuales revisaremos brevemente con el fin de dar cuenta en términos generales de este movimiento en que se sitúan sus aspectos germinales.

Soren Kierkegaard fue un pensador cristiano considerado el precursor del existencialismo y se enfocó en la salvación individual y en la relación del hombre consigo mismo, otorgando una importancia fundamental a la subjetividad y la interioridad, igualándola a la verdad y estableciendo que la fe no era un acto racional, sino que incluía un "salto al vacío" y de índole pasional.

Kierkegaard además incorpora el concepto de angustia existencial como un aspecto indisociable de la existencia que aparece como consecuencia de la libertad y el riesgo

[3] Vamos a referirnos al movimiento más amplio y sus influencias, entendiendo que para algunos autores el existencialismo no tiene su inicio hasta la obra de Jean Paul Sartre en Francia.

que ésta conlleva, lo que implica que la existencia sea un dilema ligado a la libertad y el miedo, por lo tanto, el ser humano no puede ser reducido a categorías universales y sólo puede ser pensado en su originalidad.

Otro precursor del existencialismo fue Friederich Nietzsche, a través de un camino muy contrario al pensamiento cristiano de Kierkegaard basado en la fe y la salvación personal. Nietzsche critica al cristianismo y la moral fundada en generalidades y premisas universales. En palabras de Belmino (2021) "toda la tradición occidental se constituye como forma de negación del placer, de lo bello, del cuerpo, y de la vida" (p. 76).

Nietzsche además criticaba con firmeza la idea de que la lógica y la racionalidad moderna era la característica humana más importante, dando mayor importancia a los aspectos afectivos, sensibles y dando importancia a la potencia de la vida como una manera de traspasar las amarras sociales, y que esta potencia estaba relacionada con tensiones y movimientos.

Una de las mayores influencias en las psicoterapias humanistas es la obra de Martin Buber (Amatuzzi, 2010, Hycner, 1995) para poder comprender la relación terapéutica. Este autor señala que el ser humano tiene dos formas de relación, siendo la primera de ellas el Yo-Ello, caracterizada por una relación funcional, cosificadora, e impersonal. Por otro lado, el ser humano es capaz de relacionarse de un modo Yo-Tú, en el que es posible el diálogo auténtico, recíproco y personalizador. Al respecto nos sugiere Boris que la relación terapéutica pasa de ser un procedimiento técnico a un "encuentro entre dos personas de sujeto a sujeto" (1987, en Moreira 2001, p. 102).

Karl Jaspers es otro de los pensadores influyentes en la corriente existencial, siendo un colaborador constante de Heidegger intentó acercar el mundo de la psiquiatría a la fenomenología existencial lo que es plasmado en su principal obra "Psicopatología General" (1913) que es un "intento de utilizar un sistema fenomenológico para comprender las desviaciones del comportamiento psíquico" (Martínez, 1998, p. 238).

Jaspers refiere que el hombre se encuentra en la constante búsqueda de sí mismo, y en este proceso aprende a conocer sus límites. Es decir, en estas llamadas "situaciones límites", el hombre es confrontado con el miedo y la desesperación, y también con la posibilidad de elegir. En palabras de Quitmann (1998) "en esta libertad de decir sí o no, el hombre puede comprenderse o malograrse a sí mismo; puede ganarse o perderse" (p. 58).

Al avanzar en la revisión de los principales autores del existencialismo, encontramos al filósofo Francés Jean Paul Sartre, quién es considerado el principal responsable de popularizar al movimiento existencial. Este autor, representante del existencialismo ateo otorga especial relevancia a la libertad en el ser humano, ya que a su juicio "estamos condenados a la libertad", lo que nos obliga a elegir constantemente, dejando de lado la idea del hombre cerrado y aislado, considerando que el aspecto esencial de la consciencia es su apertura al mundo, es decir, la trascendencia.

Sartre fue un prolífico escritor de novelas, cuentos, obras de teatro y su principal obra filosófica "Ser y la nada" del año 1943. En su escrito expresa que el futuro es muy importante, debido a que el ser humano se encuentra en una situación de inexistencia (un futuro), vinculado con el no ser (la nada), constituyendo la condición más importante de la libertad, incluso cuando no estamos eligiendo.

En concordancia a esta idea, el pasado es inmodificable, lo que se puede cambiar es la significación de éste, lo que sólo puede realizarse en el futuro. En sus palabras refiere, "cuando me proyecto hacia mis metas me llevo el pasado conmigo y decido a través de mis actos sobre su significado" (Sartre, 1962, citado en Quitmann, 1998, p. 66).

Finalmente, llegamos a Martin Heidegger, cuya influencia en la corriente existencial es clave, ya que su fenomenología se centra en la "ontología fundamental" o el ser. Para este pensador el ser humano es capaz de preguntarse por su existencia y esta condición le permite estar en contacto con los otros seres humanos y con el mundo en su condición de Dasein[4] (ser-ahí).

Lo expuesto se relaciona con que el Dasein, que da cuenta de que el ser humano se encuentra siempre en el mundo. Por esta razón, su frase de que el hombre es un ser-en-el-mundo (con los guiones que unen estas palabras) denota que resulta imposible entender al ser humano sin relación con el mundo; "no podemos estar en el aislamiento, si soy, necesariamente soy en algún lugar y en algún tiempo, es imposible ser sin esas dimensiones" (Martínez, 2011, p. 155).

Para Heidegger, una de las condiciones del ser, es que éste se encuentra arrojado hacia la muerte, debido a que es algo que sabemos con certeza que va a ocurrir, por lo que estamos confrontados desde el inicio con la muerte. En ese sentido, se encuentra el "ser humano individual como existencia, arrojado al mundo y confrontado desde el principio con el hecho de su fin, de la muerte" (Quitmann, 1998, p. 61).

En cuanto al tema de la temporalidad, para Heidegger, éste es concebido como "algo futuro respecto del que se

---

[4] Dasein, es un término cuya traducción literal es ser-ahí con el que Heidegger alude a la forma propia del ser humano, con el fin de superar la metafísica imperante en la filosofía.

pueden ordenar respectivamente el presente y el pasado" (Quitmann, 1998, p. 300). De esta forma, se entiende el tiempo como un fenómeno unitario, en el que el hecho de nuestra futura muerte, como un hecho ineludible de la existencia (ontológico), va a incluir la significación del pasado y del presente.

Otra de las ideas interesantes para concluir esta breve exposición de la vasta obra de Heidegger es el tema de la autenticidad, definida como el reconocimiento pleno del Dasein, en el que podemos maravillarnos solamente por percibir que las cosas sean. Del modo contrario la inautenticidad se encuentra relacionada con una conciencia disminuida del Dasein, como una forma de evitar la angustia originaria.

Los estados de autenticidad e inautenticidad son cambiantes a la vida del individuo, debido a que la posibilidad de ambos estados está siempre presente. De tal forma que "no existe una persona auténtica o inauténtica, sólo procesos de autenticidad e inautenticidad" (Martínez, 2011, p. 174).

Finalmente, otro autor relevante en el existencialismo es Emmanuel Lévinas, quién coloca un especial acento en la alteridad y la ética. Para este autor judío, y de origen Lituano la ética es "entendida como una relación radicalmente asimétrica de responsabilidad infinita hacia la otra persona" (Critchley, 2002, p. 6, citado en Orange 2012, p. 87).

En una de sus principales obras, "Totalidad e infinito" (1961), introduce la idea de una "ética del rostro", en que la responsabilidad con el Otro es una interpelación, "no matarás". Esta asimetría constitutiva de la relación va en contra de los procesos de totalización del Otro y encierra una demanda ética puesta en la alteridad de forma radical. Así, es descrita en su obra metafórica e inexorablemente relacionada con su biografía traumática, ya que gran parte de su familia fue asesinada por el régimen nazi.

A modo de resumen, encontramos puntos de intersección en la revisión de los diversos autores existencialistas, especialmente referidos a la visión de ser humano libre y responsable en la construcción de su existencia y cuya capacidad de decisión, así como la angustia, son considerados aspectos ineludibles de la existencia, pero a la vez constituyen la base para la construcción de nuevas posibilidades.

No obstante, los elementos descritos, es importante precisar que el existencialismo aparece en etapas posteriores como una influencia indirecta de la psicoterapia centrada en la persona, ya que la base teórica rogeriana estaba dada por el pragmatismo, el funcionalismo y en un contexto de ciencia marcadamente positivista.

En el año 1961, en su libro el proceso de convertirse en persona, Rogers alude al conflicto entre su educación dentro del positivismo lógico y el enfoque existencial (...) Declara no haber estudiado la filosofía existencial, con la cual va a tomar contacto más tarde a partir de la lectura de Buber y Kierkegaard (Moreira, 2001, p.100).

El desarrollo en la obra de Rogers parece indicarnos un camino que esbozaba nuevos cruces y reflexiones con los autores existencialistas que fue descubriendo a medida que su obra fue alejándose de los procedimientos técnicos y de la búsqueda objetiva y racional hacia lugares misteriosos y vinculados con la subjetividad y el encuentro personal.

FENOMENOLOGÍA

La fenomenología es un movimiento filosófico que se estructuró en los inicios del siglo XX a través de Edmund Husserl en un contexto en que se buscaba superar el esencialismo clásico y superar la dicotomía sujeto/objeto. Según Giovanetti (2007), la palabra fenomenología fue usada por primera vez por Lambert en el siglo XVIII como un "estudio o descripción de las apariencias" (p. 13). Luego, encontraremos el término en otros autores como Hegel dotado de otras significaciones.

Tal como se mencionaba, no es hasta la obra de Husserl que la fenomenología se muestra con un carácter novedoso. De acuerdo con Martínez (2011), el término fenomenología posee diversas definiciones, en términos etimológicos sus orígenes se encuentran en el "vocablo griego phainomenon, que significa apariencia, lo que sale a la luz, es decir lo que se muestra, lo que aparece, y desde otro punto de vista, fenómeno se refiere a aquello del mundo tal y como lo experimentamos" (p. 121).

Siguiendo la idea anteriormente expuesta, se puede mencionar que la pretensión de Husserl era de una tener una ciencia rigurosa basada en la fenomenología, en la que se pudiera volver a "las cosas mismas" mediante la suspensión de los juicios y saberes previos, es decir mediante una epojé que permitiría llegar al eidos o esencia. La fenomenología en ese entonces tiene como objeto "la descripción de las esencias fundamentales para una problemática filosófica dada" (Van Breda, en Giovanetti 2007, p. 14).

En la obra de este autor, se aprecia la influencia de Franz Brentano al explicar que la conciencia no es un lugar, sino un movimiento que lleva a la persona fuera de sí, la conduce a la existencia, lo que fue conocido como noción de intencionalidad (del latín in-tendere, tender hacia), distinguiendo los actos físicos de los psíquicos ya que estos últimos se remiten siempre a un objeto "toda conciencia es conciencia de algo".

De forma muy somera, podemos mencionar que en esta nueva manera de abordar los fenómenos psíquicos Husserl habla de un método en que la conciencia intencional toma un lugar privilegiado en la relación sujeto-mundo para formar una unidad indisoluble, y en el que se requiere una epojé, o un "poner entre paréntesis" los saberes previos para que el fenómeno aparezcan y poder llegar al eidos (esencia), colocando un énfasis en el proceso reflectivo en que las cosas aparecen en la conciencia, por lo que su fenomenología es llamada descriptiva.

Posteriormente a Husserl, su discípulo Martin Heidegger, en vez de centrar la fenomenología en la conciencia como su maestro, centra su atención por el ser y en el modo de existir del ser humano que es el Dasein, por lo tanto, se buscará una comprensión directa del ser o del fenómeno. En ese sentido, se colocará más acento a la comprensión y la hermenéutica, más que un conocimiento científico en base a un procedimiento basado en la reducción y el epojé.

De esta manera Heidegger en su principal obra "Ser y Tiempo" de 1927, reformula el concepto de fenomenología tal como lo había intentado Husserl. Siguiendo al filósofo García Astrada:

En manos de Heidegger el método fenomenológico va a tomar desde el comienzo un rumbo muy distinto al que le impusiera Husserl. Mientras éste considera como base metodológica el poner entre paréntesis la existencia (...) Heidegger por el contrario cuando aplica el método del Dasein concentra su análisis en la existencia que Husserl había puesto entre paréntesis (1998, p. 19).

Es decir, el fenómeno está primeramente oculto, encubierto, oscurecido y con una tendencia a no mostrarse directamente, por lo que no se puede excluir el conocimiento mundano y la historicidad del ser como pretendía Husserl.

Al profundizar sobre el concepto del Dasein, podemos mencionar que éste es un ser-en-el-mundo, y que posee una relación que no es objetivable, el Dasein se considera abierto debido a que nosotros estamos en el mundo y el mundo está en nosotros.

En cuanto al método fenomenológico de Heidegger, se puede concluir que es la única forma para acceder al Dasein se relaciona con "dar espacio", para que se muestre el fenómeno y de esta forma interpretarlo y con posterioridad llegar a una comprensión. En este punto se aprecia una diferencia con Husserl, ya que para éste intentamos dejar entre paréntesis el mundo mediante un método, en cambio para Heidegger resulta imposible realizar una epojé completa del mundo.

En este apartado merece un espacio Maurice Merleau-Ponty, destacado fenomenólogo francés que era un asiduo estudioso de Husserl que coloca el acento en la dimensión sensible de la experiencia y en la corporalidad. En su principal obra, la "Fenomenología de la percepción" de 1945, critica el dualismo cartesiano, y defiende la idea de la primacía de la experiencia en el mundo como fuente legítima, originaria y particularmente ambigua.

Además, profundiza en la idea del cuerpo perceptivo, criticando la postura clásica del cuerpo como objeto en pos de un entendimiento del cuerpo situado y sintiente, concebido como una configuración, forma o estructura temporal siempre en movimiento, capaz de proyectar hacia el futuro y otorgar significaciones.

Merleau-Ponty sostiene la idea de que el conocimiento es siempre incompleto, y de "contornos múltiples", haciendo una analogía con la pintura impresionista de Paul Cézanne[5], en la cual la objetividad y la subjetividad se entrelazan, lo que supone una ruptura de las dicotomías y en un acento

---

[5] En el texto de Merleau-Ponty la "Duda de Cézanne"(1945) se hace una analogía entre la pintura impresionista y la filosofía, mostrándose como en la pintura lo real se mezcla con lo imaginario.

del plano pre-reflexivo.

La noción de "carne" que es un concepto que aparece en el desarrollo final de su obra, pone en evidencia esa mutua constitución entre cuerpo y mundo. En palabras de Moreira "carne es el cuerpo en relación con los objetos" (2007, p. 265), que es activo y pasivo a la vez, y que no tiene límites que lo pueden objetivar.

Podemos finalizar comentando que en la obra de Carl Rogers aparecen escasas alusiones a la fenomenología, sin embargo, varios autores señalan algunos esbozos de ésta con la noción de campo fenomenal y con el intercambio con Eugene Gendlin, en la tercera fase de su desarrollo teórico, entre los años 1957-1970 durante la llamada "fase experiencial" sin que esto sea una discusión libre de polémicas (Cury, 1987, Gondra, 1978, Hart & Tomilson 1970, Moreira, 2001).

Algunas de las principales críticas realizadas a Rogers apuntan a la escasa profundización del autor en las temáticas referentes a las condicionantes sociales e históricas, o al exagerado antropocentrismo, temas que son profundizados en la fenomenología. Solamente por citar ejemplos: en el Husserl más tardío con la noción de Lebenswelt[6], o el concepto de mundo y "el estar arrojado" por Heidegger en un determinado horizonte histórico, o la noción de hombre mundano de Merleau-Ponty intentando superar el idealismo trascendental del primer Husserl.

ASPECTOS EN QUE EL EXISTENCIALISMO Y LA FENOMENOLOGÍA PUEDEN APORTAR AL ECP

En la revisión de la literatura podemos apreciar que

[6] Lebenswelt o mundo de la vida es un concepto popularizado por Husserl en su libro "La crisis de las ciencias Europeas y la fenomenología trascendental" (1936), y alude al mundo en la experiencia sensible. Este concepto es posteriormente retomado en la obra de Merleau-Ponty.

ambas orientaciones mantienen límites difusos, ya que los pensadores existenciales tienen diferencias entre ellos, y además incorporaron en distinta medida el pensamiento fenomenológico, lo que ha llevado muchas veces a la confusión y falta de claridad conceptual (Belmino 2021, Cooper, 2003, Giovanetti, 2007, Moreira, 2010). Intentaremos de forma didáctica dar curso a este proyecto.

En términos generales, la orientación fenomenológica puede ser vista como un paradigma que da importancia a los aspectos subjetivos y de la experiencia más que a la búsqueda de las categorías universales. Esto podría haber sido una inspiración en Rogers en su evolución teórica iniciada en un paradigma eminentemente positivista y a la matriz cientificista (representación, comprobación científica), hacia un cambio direccionado hacia un énfasis en los aspectos basados en la subjetividad y la singularidad.

En términos específicos, la fenomenología también se ha presentado en la terapia centrada en la persona como una metodología en la que conceptos como la no dirección, la comprensión empática parecen remitir a la de epojé, la suspensión de juicios y la reducción fenomenológica propuestas por Husserl (Nogueira & Albertoni, 2020). Lo llamativo en esto es que no existe ninguna mención de Rogers a la obra de Husserl, y que las aproximaciones parecen ser coincidencias intuitivas.

En relación con el existencialismo, Cooper (2003, citado en Segrera et al, 2014) señala tres aspectos comunes entre el enfoque centrado en la persona y la perspectiva existencial, a) el cuestionamiento científico objetivista, (Gendlin, 1970, Rogers, 1969), b) el énfasis en los encuentros Yo-Tú (Worsley, 2001) y, c) una comprensión holística encarnada (Gendlin, 1979, Worsley, 2001, Rogers, 1969).

Varias de estas ideas descritas anteriormente, sumadas

a la libertad, la capacidad de decisión, el foco en la conciencia y la experiencia, así como la relevancia de los aspectos subjetivos de la existencia encuentran un parentesco con los desarrollos teóricos de la terapia centrada en la persona, sin embargo, existen también diferencias (que no vamos a profundizar en este trabajo) debido a las nociones organicistas, vitalistas y funcionalistas que cimentaron gran parte de la obra de Rogers.

Se hace necesario profundizar específicamente en tres aspectos comunes que parecen esenciales para establecer este puente entre la filosofía y la psicología, y que por ende se traduce en la práctica clínica con nuestros consultantes, que son: la relación terapéutica, la ética, y finalmente la psicopatología.

RELACIÓN TERAPÉUTICA

Este es uno de los temas quizás más estudiados y reflexionados en el enfoque centrado en la persona. Diversos autores concuerdan en que Rogers tuvo un acercamiento a la fenomenología y al existencialismo fruto de su relación Gendlin (Gondra, 1978, Hart 1970, Moreira, 2001, 2010). Producto de este intercambio, el foco pasa desde las condiciones "que facilitan" el cambio de personalidad del consultante hacia la relación interpersonal, dando importancia a los elementos experienciales y al encuentro mismo (proceso, concepto de campo fenoménico, características del encuentro mismo).

Uno de los más célebres intentos de acercamiento a la filosofía por parte de Rogers fue con Buber en 1957 en la Universidad de Michigan, espacio en que se contrasta la visión de "encuentro" de ambos pensadores. Rogers intenta acercar sus experiencias de cambio terapéuticas a la noción de Yo-Tú buberiana, a lo que Buber refuta notando la diferencia en la noción diálogo estaría basado en la asimetría en la relación desde el rol de cada uno (terapeuta-consultante).

Estas influencias han sido profundizado por otros autores como Amatuzzi (2010), que se centra en Buber y en los procesos que denomina de habla auténtica, Hycner (1995) quien habla de terapia "dialógica" y en la necesidad de entrar en el mundo del consultante mediante la inclusión, es decir "colocar la existencia entera para el otro, es una tentativa de experimentar la experiencia de la otra persona" (p. 59) y la confirmación como un tipo de relación que, en la esfera del "entre", nos permite realmente abrirnos a la alteridad.

Por otro lado, Peter Schmid insiste en la necesidad de revisar el concepto de persona para situar al enfoque como una manera de abordar al ser humano desde una relacionalidad radical, señalando "la riqueza filosófica de la tradición en la cual el enfoque centrado en la persona se ha desarrollado y conceptualizado todavía no ha sido mayormente explorada". (2006, p. 1).

Es así como este autor distingue entre la concepción de persona substancial y relacional, siendo la primera concepción una antropología que visualiza a persona como una entidad, colocando énfasis en lo que permanece inmutable, y que de cierta forma mantiene una autonomía y consistencia.

Esta concepción de la persona tiene especial influencia en el primer período de pensamiento de Rogers, durante el cual, basado en la tendencia actualizante, entiende al ser humano desde un punto de vista individualista y en consecuencia ve la terapia como un proceso de desarrollo de la personalidad, con énfasis en la confianza del organismo (Schmid 2002, p.3).

Esta mirada de la persona más intrapsíquica presente en la primera etapa de Rogers ha sido complementada por

Gendlin (1966, 1999) al señalar los cruces entre la filosofía existencial, fenomenología y la psicoterapia experiencial, explicitando la primacía de la interacción y la importancia de la corporalidad plasmada en el concepto de sensación sentida[7].

Pero, por otra parte, esta postura antropocéntrica ha sido también directamente criticada por Moreira (2010), quién la percibe insuficiente, ya que la vincula a una visión de persona capitalista y autocentrada que la autora denomina "hombre planetario", ya que ignora las diferencias culturales determinantes en el ser humano" (p. 58).

Una segunda concepción de la persona es la noción relacional, que está más asociada con ideas de existencia, de "salir fuera". Es decir, que involucra una antropología que tiene como base la relación con los otros, "ser a través de los otros" (Schmid, 2006, p. 3) y que estaría de acuerdo con este autor en las etapas posteriores de la evolución teórica de Rogers, la que si bien no fue totalmente explicitada puede verse en sus énfasis en los trabajos grupales y marcado comunitarismo.

Ampliar la noción de persona, y tener conciencia de la tensión existente entre ambas miradas tiene una gran cantidad de implicaciones clínicas, ya que se pueden abarcar aspectos grupales, sociales, comunitarios, pero principalmente abrirnos una serie de nuevos matices a partir de la relación terapéutica en el diálogo, y la reciprocidad. Una relectura de las condiciones facilitadoras originales a la luz de concepciones filosóficas, podría permitirnos ampliar la antropología de hombre cerrado en sí mismo, tantas veces criticada al abordaje centrada en la persona.

---

[7] Sensación sentida en inglés *felt-sense,* es un concepto creado por Eugene Gendlin para hacer alusión a la experiencia corporalmente sentida que tiene una complejidad implícita y que puede ser referida directamente.

ÉTICA

A medida que vamos profundizando sobre la relación terapéutica a la luz de los diálogos entre la filosofía y la psicoterapia centrada en la persona aparece inevitable la reflexión sobre la ética que sustenta nuestra práctica desde el enfoque rogeriano.

La literatura nos muestra que varios autores han desarrollado en esta temática, siendo uno de los más renombrados el terapeuta Austríaco Peter Schmid (2002, 2003, 2006a, 2006b). Esta discusión ha sido particularmente fecunda en Brasil, en la que diversos terapeutas centrados en la persona han profundizado sobre las relaciones entre la ética, la filosofía y la psicoterapia. (Amatuzzi, 2001, 2010, Araujo & Freire (2006, 2017), Vieira (2006, 2009, 2017).

De acuerdo con Schmid, podemos entender la ética centrada en la persona como esa forma de no ejercer dominio sobre el otro. Esta simple pero poderosa afirmación resultó clave desde las etapas germinales del enfoque centrado en la persona y su "revolución silenciosa"[8] , cuando Rogers criticaba una de las principales características del modelo médico, la verticalidad del poder, dando valor a la horizontalidad terapeuta-consultante, y la democracia como un aspecto fundamental que sentaba las bases de la entonces "psicoterapia no directiva".

Otro aspecto distintivo de nuestro enfoque es que no se encuentra orientado a los problemas, por lo tanto, su base no son técnicas que podemos replicar mecánicamente o mediante una "estrategia" que podría ser vista como una

---

[8] Además del tradicional capítulo del libro "El poder de la persona" en que de Rogers habla de la "Revolución Silenciosa", se pueden profundizar los aspectos políticos del enfoque centrado en la persona en el artículo de Schmid "La psicoterapia es política o no es psicoterapia: El enfoque centrado en la persona como una aventura esencialmente política", publicado en el volumen 1 de la Revista Espacio ECP.

manipulación[9]. Siguiendo esta misma idea, Mauro Amatuzzi señala "el abordaje centrado en la persona es mucho más una ética que una técnica" (2010, p. 121). Por ende, nuestra ética emana de una antropología que tiene como base una serie de valores puestos al servicio de una relación.

Una de las maravillosas reflexiones que hace Schmid, tomando ideas tanto de Buber como de Lévinas, es la profundización de la visión del encuentro que nos da cuenta de su doble perspectiva. Por una parte, nos implica estar con el otro, pero también nos interpela a ser tocados, sorprendidos "por la esencia de lo opuesto", ya que ese Otro es radicalmente opuesto a mí, distinto a mí, y esa es la base de la alteridad, "el encuentro es donde comienza y tiene lugar el diálogo" (Schmid, 2006a, p. 4), constituyendo ese lugar en que puedo reconocer al consultante, pero también un lugar de apertura, de enigma.

Siguiendo las ideas de Schmid sobre la ética, podemos apreciar que se nutre con algunas de las ideas de Lévinas, como una manera de superar la idea de persona substancial explicitada en las primeras fases del enfoque centrado en la persona. El centrarnos en los aspectos más relacionales (de la Alteridad) puede abrir a los clínicos al tema de la responsabilidad por el Otro como estructura esencial de la subjetividad en la que el Otro nos interpela a una radicalidad a nivel ético, y por ende, podemos hacer una relectura de las condiciones necesarias suficientes, de nuestros propios límites, para y con nuestros consultantes.

Este novedoso trasfondo filosófico podría dar un sostén a las geniales intuiciones de Rogers sobre los aspectos

---

[9] Rogers tuvo múltiples debates con Skinner (1956) en los que criticaba la visión de la ciencia y especialmente el tema del control y la predicción de la conducta humana.

relacionales de la terapia que no alcanzaron a desarrollarse, por lo que llama a repensar nuestro trato con la alteridad. Schmid (2001) "considera que Rogers tenía preparado diversos caminos en dirección de una salida de la egología rumbo a una dimensión alteritaria"[10] (citado por Araújo & Freire 2017, p.223).

Nos queda abrirnos a la novedad de nuevas ideas y conceptos, como la hospitalidad clínica (Orange, 2012, 2015), la demanda ética, la responsabilidad, o la propia apertura hacia la alteridad podrían corresponder a nuevos caminos a descubrir en nuestro enfoque.

PSICOPATOLOGÍA

Otro de los temas importantes que merece revisión dice relación con la forma en que se ha visualizado la psicopatología en el enfoque centrado en la persona. El estado de arte actual nos muestra que ha sido un tema de debate históricamente ya sea profundizando al interior del propio enfoque (Bohart, 2017) o dialogando con la psiquiatría fenomenológica (Moreira 2001, 2010, 2012, 2021).

Desde este enfoque, la noción de salud se encuentra primeramente vinculada con una congruencia entre el yo y la experiencia, lo que Rogers llamó la "persona plenamente funcional", mientras que los procesos de patología o enfermedad son llamados "inadaptación psíquica", y se relacionan con una mayor incongruencia entre la noción del yo y la experiencia del individuo.

Rogers estuvo en desacuerdo con realizar un diagnóstico como lo hacían las otras líneas terapéuticas, al entender que no podría utilizarse el diagnóstico de la forma que lo hacía el modelo médico. Una de las colaboradoras de

---

[10] Referido a la alteridad, lo Otro, lo distinto.

Rogers, la Belga Marian Kinget, expresaba sus ideas de la siguiente manera; "el diagnóstico psicológico, tal como se entiende correctamente, es decir, como una operación diferente y previa no es necesario para un tratamiento y puede, incluso dificultar los progresos y los resultados del proceso" (Rogers & Kinget, 1967, 19 p. 266).

Además de realizar una crítica a este punto, Rogers pensaba que el diagnóstico tradicional se contradecía con la antropología del enfoque centrada en la persona, la que colocaba siempre el acento en la experticia del cliente sobre sí mismo "debido a que se hace en base a criterios externos ajenas a la experiencia del sujeto, este tipo de operación corre el riesgo de reforzar la tendencia a la dependencia" (Rogers & Kinget, 1967, p. 271-272).

Ahora bien, es importante precisar que en sus inicios la psicoterapia centrada en la persona consideró inútil el diagnóstico, pero en las últimas décadas hubo también intentos de traducir la psicopatología más clásica a una comprensión desde el enfoque centrado en la persona. Interesantes ejemplos que ilustran esta idea son las concepciones de Prouty y la pre-terapia con clientes esquizofrénicos, con retardo mental u organicidad, (2001, 2004, 2007, 2008), o los trabajos de Margaret Warner con su forma de entender a los clientes que padecen trastornos de personalidad borderline como "procesos frágiles" (1991), o "procesos disociativos" que también fueron descritos en términos de proceso por Coffeng (2002, 2004). (para conocer los fundamentos de la pre-terapia puede revisar el capítulo 4, y sobre el proceso frágil el capítulo 8).

No obstante, de acuerdo con Schmid (2004), "aún no somos capaces de establecer un sistema genuinamente centrado en la persona" (citado en Segrera et al., 2014, p. 242), por lo que el diagnóstico desde la terapia centrada en el cliente debiera mantener inicialmente un foco en el consultante y en sus procesos, ser fenomenológico, otorgar relevancia a la hermenéutica, y no dejar de lado una crítica social a los sistemas diagnósticos imperantes.

Otra interesante vertiente y fuente de estudio en este ámbito, es el diálogo con la llamada psicopatología fenomenológica[11], que ha tomado gran fuerza gracias a la psicoterapeuta brasileña Virginia Moreira y su equipo de trabajo (2001, 2010, 2021), que se nutre de los aportes de la fenomenología de Merleau-Ponty, y del psiquiatra Arthur Tatossian (2012) principalmente, este último, gran estudioso de la psiquiatría fenomenológica y la filosofía. Esto contribuye a complementar la mirada Rogeriana en la comprensión de los diversos sufrimientos humanos.

Esta autora coloca su foco en los aspectos mundanos, criticando el énfasis en "persona como el centro", y retoma el paso a la fenomenología clínica[12], marcada por la ambigüedad, la importancia de la experiencia sensible, así como la mutua constitución sujeto-mundo con el fin de que la terapia tenga un lazo comprometido con la sociedad contemporánea. Desde esta perspectiva lo que se busca es comprender los diferentes modos de ser-en-el-mundo, considerando para ello como coordenadas: la temporalidad, la espacialidad, la corporalidad, o la alteridad/dialogicidad.

---

[11] La psicopatología fenomenológica es una tradición fundada en la utilización de la fenomenología de Husserl, Heidegger o Merleau-Ponty por parte de la psiquiatría para la comprensión de los trastornos o sufrimientos mentales. Este diálogo incluye entre otros las obras de Jaspers, Binswagner, Minkowski, Boss, Strauss, Tellenbach, Tatossian, Blankenburg. Este pensamiento en la actualidad se encuentra representado por autores como Giovanni Stanghellini, Thomas Fuchs, Louis Sass y Guilherme Messas.

[12] De acuerdo con esta autora esa visión más fenomenológica y existencial estuvo presente en Rogers en su intercambio con Gendlin en sus estudios en Wisconsin, pero luego de su separación, deja de lado esta mirada en pos de una visión más trascendental explicitada en la noción de "tendencia formativa" del universo.

Teniendo siempre en cuenta la experiencia del sujeto singular, lo que permite ir más allá de los diagnósticos más tradicionales basados en la generalidad propia de los manuales diagnósticos.

CONCLUSIONES

Si bien existen diferencias, creemos que se puede establecer un diálogo entre la terapia centrada en la persona con el existencialismo y la fenomenología, con el propósito de ir más allá de la obra de Carl Rogers y nutrirse tanto de términos conceptuales como prácticos.

La fenomenología clínica y el existencialismo permiten revisar algunos aspectos fundamentales (entre muchos otros posibles) tales como la relación terapéutica a través de la mirada de Buber o Lévinas, profundizando sobre conceptos como encuentro, reciprocidad o apertura. Ahondar sobre la ética que subyace nuestro enfoque, nos permite reflexionar sobre nuestra responsabilidad tanto a un nivel individual como social, y así, el empaparnos con la psicopatología fenomenológica puede servir para no perder de vista al Otro, y hacernos conscientes de los límites de nuestros intentos de categorización a través de los sistemas diagnósticos más tradicionales.

Las discusiones presentadas en este escrito son indudablemente de carácter preliminar, pero a la vez, nos permiten superar inicialmente la visión del humanismo antropocéntrico y reflexionar la forma en que el ser humano está inserto en el mundo social y cultural. Pareciera que este contexto actual nos demanda respuestas específicas ya sea en nuestro rol como clínicos en instituciones públicas como en la práctica privada. Por otra parte, esta revisión de nuestro enfoque a la luz de la fenomenología y el existencialismo puede ayudar a encontrar un sustento muchas veces dejado de lado en términos éticos y epistemológicos, que no dejan de tener vigencia cuando estamos acompañando el sufrimiento humano.

CAPÍTULO 3
Teoría experiencial y focusing en psicoterapia centrada en la persona: consideraciones y posibilidades

Alejandro López Marín

INTRODUCCIÓN

Me considero un psicoterapeuta centrado en la persona que incorpora la perspectiva clásica y algunos desarrollos contemporáneos. Por cómo se ha desarrollado el enfoque humanista en Chile, no tuve la posibilidad de comenzar una formación en el enfoque centrado en la persona de forma específica luego de terminar la carrera de psicología. Es así, como en esta búsqueda, llegué primero a la pre-terapia de Garry Prouty (ver capítulo 4), luego al focusing de Eugene Gendlin, para finalmente encontrar la terapia centrada en la persona desde una mirada clásica (ver capítulo 1).

En este sentido, podría decir que mi formación en el ECP comienza por los desarrollos contemporáneos para luego llegar a la obra de Carl Rogers. Por lo mismo, este capítulo tendrá la influencia de ese recorrido, donde buscaré conectar la literatura existente de focusing, integrando mi experiencia psicoterapéutica y mi síntesis personal de lo que considero psicoterapia centrada en la persona, donde focusing y las ideas de Eugene Gendlin son tomadas como una contribución que aporta tanto a la teoría como a la práctica terapéutica desde esta perspectiva.

Eugene Gendlin fue estudiante de Carl Rogers y posteriormente miembro de su equipo de investigación, abarcando prácticamente una década, en donde se influenciaron mutuamente (Barceló, 2007). El mismo Carl Rogers señala la importancia de Eugene en la incorporación de algunas ideas teóricas al enfoque centrado en la persona, especialmente el concepto de experienciar o experienciación (en inglés "experiencing") (Rogers, 1961).

Gendlin (1978) desarrolla una filosofía que se puede denominar filosofía de lo implícito, una teoría experiencial que conduce al focusing como herramienta terapéutica, la cual se transformó en un recurso valioso para la psicoterapia y las relaciones de ayuda en general, y que ha sido difundido en diversos países en distintos continentes.

El focusing, especialmente desde los años 80 en adelante, se transforma en una herramienta por sí misma, ocasionando un cierto distanciamiento entre los practicantes de focusing y los de la terapia centrada en la persona. Los terapeutas centrados en la persona comenzaron a ver en el focusing un trabajo directivo y su utilización como una mera técnica. Sin embargo, en la actualidad hay diversas voces que señalan la importancia de generar sinergia entre las distintas líneas de desarrollo.

El propósito fundamental de este capítulo es conocer algunos conceptos esenciales de la teoría de Gendlin, poder comprender matices y diferencias con la mirada más clásica del enfoque centrado en la persona, y proponer algunas ideas y criterios para su integración.

EUGENE GENDLIN

Eugene Gendlin nació en Viena el 25 de diciembre de 1926. Era de origen judío, por lo que siendo niño llegó junto a su familia, huyendo de los nazis, a Estados Unidos (Barceló, 2007).

Estudió primero filosofía en la Universidad de Chicago y luego entró al programa de terapia centrada en el cliente dirigido por Carl Rogers en la década del cincuenta. Gendlin siguió trabajando con Rogers en la Universidad de Chicago y luego en Wisconsin, donde formó parte del proyecto que investigó la terapia centrada en el cliente con personas diagnosticadas con esquizofrenia, que estaban en general por largo tiempo hospitalizados (Prouty, 1994).

Gendlin fue premiado cuatro veces por la APA (Asociación Americana de Psicología), además de otros varios reconocimientos que logró en vida. Publicó diversos artículos y libros traducidos a varios idiomas. Falleció el 1 de mayo de 2017 en Nueva York (Hilsenroth, 2017).

EL EXPERIENCIAR

Para Gendlin (1961), el experienciar es una variable del cambio terapéutico. Es un proceso sentido corporalmente, un flujo de sensaciones, que sucede en el presente, se relaciona con una situación y tiene un significado para la persona. Es este experienciar que nos permite percibir las interacciones con el ambiente.

Gendlin (1978) considera el cuerpo como un proceso relacional, en constante interacción con el entorno. El cuerpo y las sensaciones corporales están en proceso continuamente y son una fuente de creación de sentido de sí mismo (Barceló, 2008).

Gendlin (1961) señala que el experienciar tiene seis características o, dicho de otra forma, el experienciar implica varias dimensiones y procesos. A continuación, en forma resumida se describe cada una de ellas.

a) *Es esencialmente un proceso de sentir*: Es decir, hablar de experienciar es hablar de los sentimientos que la persona vivencia en un determinado momento.
b) *Ocurre en el presente inmediato*: Esto quiere decir que es un proceso presente; si alguien habla de algo que vivió en alguna ocasión, como si fuera una experiencia ajena, no estaría refiriendo a su experienciar. En cambio, si esa persona recuerda algo y percibe lo que siente al recordar aquello que

relata, significa que está prestando atención a su experiencia inmediata. Esto no significa que los hechos del pasado no importen, más bien, lo que plantea Gendlin es que las situaciones del pasado para resignificarse en terapia requieren de un proceso de experienciación en el presente.

c) *Es un referente directo*: Significa que puedo hablar de lo que estoy experienciando, es decir, es un proceso que podemos simbolizar y que podemos describir/nombrar al prestarle atención. La persona puede referir directamente a su experienciar a través de un dato sentido, es decir, una sensación corporal. En ocasiones será de forma más ambigua, por ejemplo, cuando un consultante en terapia dice: "*algo en mi se siente así*", "*eso que siento es...*", "*esta sensación es...*", "*siento algo, pero no sé cómo decirlo*", etc.

d) *Guía la conceptualización*: Sí la persona atiende a su experienciar y luego se permite guiar por aquello, aparecerán nuevas conceptualizaciones respecto a lo que siente. Irá clarificando y descubriendo de forma más profunda sus sentimientos, necesidades, incluso respuestas que eventualmente necesita.

e) *Es un proceso organísmico pre-conceptual*: Esto quiere decir que el experienciar es algo que se siente en la conciencia, pero que no está simbolizado completamente, es decir, no está conceptualizado. No se puede definir la experiencia de forma previa o de manera fija. Por lo tanto, sólo cuando le prestamos atención a nuestras vivencias podremos colocarle palabras, definiciones, descripciones, etc.

f) *Tiene un significado implícito*: Estas sensaciones que refiere Gendlin, es decir, este proceso de sentimiento que se experimenta en el cuerpo, tiene significados y refiere a una situación. Sin embargo, será en el proceso de focalizar que la persona podrá colocar en palabras eso que siente, para finalmente crear nuevos significados. Para Gendlin (1962), la creación de significado se forma a través de la interacción entre el experienciar y los símbolos (lenguaje), y es particular para cada uno, es decir, cada persona puede encontrar símbolos y significados particulares para sus vivencias.

LA SENSACIÓN SENTIDA

La sensación corporal a la que Gendlin propone prestarle atención, se denomina *sensación sentida*. La sensación sentida es una sensación corporal que tiene significado, refiere a algo sentido en el cuerpo, que incluye aspectos cognitivos, afectivos y relacionados con un contexto/situación (Robles, 2006).

La sensación sentida no es una mera sensación corporal o dolor físico (Gendlin, 1978). Las sensaciones comunes (que no corresponden a una sensación sentida) pueden ser un pantalón apretado, un dolor por un golpe, un malestar estomacal, etc.

Además, las sensaciones corporales comunes son claras, habitualmente tienen una causa definida o un significado concreto, y no cambian al prestarle atención. En cambio, la sensación sentida, no se percibe como dolor, es de menor intensidad, contiene mucha información, y nuestro cuerpo reacciona de algún modo cuando le prestamos atención.

El siguiente ejemplo puede clarificar mejor esto[13]:

---

[13] En todos los ejemplos de diálogo, los significados son, C: consultante, T: terapeuta.

C: Siento como algo en el estómago, puede ser como un peso, o algo así

T: ...... Aparece algo ahí que se siente como un peso, y parece importante

C: (*Un breve silencio*) Si, ahora se siente un poco más amplio, como un peso que abarca casi todo, y no es por estar satisfecho...(*sonríe*)

La sensación sentida es distinta a una emoción, Gendlin (1978) señala que las emociones suelen ser claras y de cierta intensidad. Las emociones al prestarle atención generalmente cambian en cuanto a su intensidad, pero no en cuanto a su cualidad. En cambio, una sensación sentida es una sensación vaga, confusa, que suele ser difícil colocar en palabras o describir rápidamente.

El siguiente ejemplo puede clarificar mejor esto:

C: (*el consultante parece conectarse con una vivencia, toma aire profundamente*)

T: Parece que algo aparece al hablar de esto

C: Si, no sé cómo explicarlo, siento como algo aquí (*apunta su pecho*), pero no sé qué es, no sé cómo describirlo

T: Algo aparece ahí, que no logras describirlo en palabras, pero parece tener relación con lo que estamos hablando

C: Si, de eso estoy casi seguro

La sensación sentida es un tipo particular de sensación corporal, que se caracteriza por ser de baja intensidad; es una sensación ambigua, difícil en un comienzo de conceptualizar y que se relaciona siempre con un proceso experiencial que está ocurriendo en el presente; implica sentimientos, ideas, emociones, y refieren a una situación (o varias).

FOCUSING

Focusing es el proceso de darse cuenta de una sensación corporalmente sentida, que ocurre habitualmente en el centro del cuerpo, que refiere a una experiencia, situación, problema, etc. (Barceló, 2007). Cuando se logra dar significado a esa sensación ocurre un cambio en ella, un alivio, una aclaración, además, nos indica una dirección (López, 2018). Es decir, parece que es una forma de encontrar respuestas que desde lo meramente racional no logramos encontrar. Es una manera de conectarse con lo que Rogers (1959) llamó proceso organísmico valorativo (ver capítulo 1).

Al acompañar integrando focusing, se facilita que la persona reconozca una sensación corporal, permanezca en ella prestándole atención, para que posteriormente pueda simbolizar lo que está sintiendo mediante palabras, gestos, expresiones artísticas, etc. (López, 2018).

Gendlin (1978), describió el proceso de focusing en forma didáctica a través de seis pasos:

a) *Despejar un espacio:* Implica prestar atención al presente, a la respiración, al cuerpo y al contexto. Luego, la persona puede observar la existencia de inquietudes, dificultades o problemas, sin entrar en profundidad o quedándose en ellas. Posteriormente, se buscará generar una distancia o un espacio seguro entre el cuerpo y lo que aparece. Finalmente, se focaliza uno de esos temas en particular.
   Además, el despejar el espacio puede ser utilizado como una herramienta por sí misma, como un recurso interesante para tomar distancia de sentimientos muy intensos, voces autocriticas, etc.
b) *Invitar a que surja una sensación sentida*: Aquí se acompaña a atender las sensaciones corporales que surgen al enfocar la situación elegida. En esa etapa

surge la sensación sentida, que al principio será difusa, vaga, y poco a poco se irá formando más claramente.

c) *Encontrar un asidero:* En este paso se busca un símbolo que logre darle una cualidad a la sensación, puede ser una palabra, una imagen, una emoción, una textura, un sabor, etc.
d) *Resonar:* La persona va resonando entre los símbolos que aparecen y su sensación corporal, resonar es como un ir y venir entre la sensación y los símbolos. Este proceso provocará que, en algún momento, estos símbolos se ajusten a la sensación corporal.
e) *Preguntar:* Cuando se ha encontrado el símbolo preciso, se hacen preguntas para lograr que lo implícito se despliegue. Las preguntas se realizan a la sensación, las respuestas deben surgir de desde ese lugar, es decir, desde el experienciar.
f) *Recibir:* Es el paso para cerrar el proceso de focusing en donde se invita a la persona valorar lo que ha aparecido, se propone preguntar a la sensación sentida si requiere algo más.

Estos pasos tienen una finalidad pedagógica para que las personas pudieran aprenderlo y facilitarlos a otros. Sin embargo, esto también significó algunas distorsiones en la práctica de focusing, muchas veces, reduciéndola a una serie de instrucciones y considerando los pasos señalados por Gendlin, como procedimientos lineales y estandarizados. Algo que Eugene no buscaba, pero, sin embargo, se popularizó de forma habitual.

Dicho de un modo más simple, focusing es prestarle atención al cuerpo para permitir sentir estas sensaciones corporales y, a través de la interacción con las palabras, poderlas describir y nombrar para que se vuelvan más claras y nos ayuden a simbolizar una experiencia y/o una situación, identificar nueva información sobre algo, sentir alivio frente a sentimientos abrumadores, etc. Entonces, focusing es una forma respetuosa de interactuar con nuestras sensaciones, sentimientos y cogniciones (López, 2018). Esto es algo que habitualmente las personas no suelen hacer, especialmente con experiencias que pueden ser difíciles o dolorosas, donde intentan evitar sentir, o desviar la atención de lo que están experienciando.

EUGENE GENDLIN Y CARL ROGERS

Ambos autores consideran la tendencia actualizante, Rogers se dedicó más bien a definirla, y Gendlin, a partir de esta idea rogeriana, se interesa en saber cómo funciona (Barceló, 2007).

En esta búsqueda, Gendlin logra desarrollar una filosofía que explica el proceso del experienciar, llamada filosofía de lo implícito, y una herramienta para que las personas se conecten con su experiencia interna, llamada focusing (Lara, 2013).

Rogers (1962) desarrolla un enfoque esencialmente relacional, donde prioriza la relevancia de la relación terapéutica en el proceso, por sobre técnicas y algunos procedimientos. Propone la idea de que el terapeuta debe encarnar ciertas actitudes relacionales que favorecen un contexto que ayuda al crecimiento de quienes consultan (Rogers, 1957). Gendlin (1969), igualmente considera como fundamental la relación terapéutica, señalando que para que el cambio ocurra, debe darse en una relación interpersonal en marcha. Además, Gendlin concuerda con Rogers en la necesidad de las tres actitudes básicas, empatía, aceptación y congruencia.

Gendlin (1973) refiere la necesidad de una interacción interpersonal, donde el terapeuta requiere prestar atención a su experienciar, y, a partir de ahí, comunicar esto en beneficio del proceso del cliente. Sin embargo, no se trata de las reacciones sentidas que aluden a temas personales del terapeuta, sino al experienciar que se relaciona con la interacción que está sucediendo en el presente con el consultante. Esto apunta a que el terapeuta es siempre impactado por la experiencia del cliente y la interacción misma, por lo tanto, lo que le ocurre al terapeuta puede ser compartido en el espacio de sesión, siempre y cuando cumpla este criterio señalado. Gendlin (1968) plantea que la congruencia implica también la transparencia, es decir, la comunicación al cliente.

Vale aclarar que no se trata de que el terapeuta exprese todo lo que siente, y/o lo realice de forma constante, seguramente es algo que sucede de forma esporádica y en algunas situaciones específicas. Consiste en expresar la experiencia sentida, no refiere al concepto conocido como autorrevelación (Gendlin, 1968).

Por ejemplo:

C: (*se queda en silencio, acaba de contar una situación compleja que le ha tocado vivir*)

T: Cuando te escucho decir eso, siento una sensación aquí (*apunta el pecho*)

C: Si, es curioso, yo siento algo así acá.... como un peso, opresión...algo así

ACTITUDES VS TÉCNICAS

Rogers criticaba las técnicas, pues eran procedimientos que siempre se realizaban de la misma manera, que son ejecutados a partir de la evaluación del terapeuta y que no considera la vivencia y la dirección del cliente (Rogers & Kinget, 1962). Por lo tanto, él abogaba por un terapeuta que tuviera ciertas actitudes relacionales, y que su trabajo era, a partir de estas actitudes, facilitar un clima psicológico adecuado para el despliegue las potencialidades del consultante (Rogers, 1957).

Gendlin (1969) al desarrollar el focusing como una herramienta especifica de acompañamiento, comenzó su divulgación y enseñanza en distintas instancias, logrando una aceptación considerable en diversos países. Gendlin (1978) intentó enseñar focusing de la forma más sencilla y didáctica posible, y esto lo llevó a describir ciertos pasos o etapas que había que realizar al aplicar focusing. Esto generó que muchos practicantes comenzaran a utilizar focusing como una técnica, es decir, de forma mecánica, siguiendo los mismos pasos, realizando las mismas preguntas, y dando siempre las mismas instrucciones o sugerencias, independiente de quien sea el consultante y contexto de la sesión. Entonces, muchos practicantes de focusing, aún hoy, lo realizan de una forma totalmente directiva, no centrado en la persona.

Esta situación ocurrió esencialmente a partir de la década del 70, ya que en a la década del 60, podríamos entender la mirada de Gendlin como no directiva, incorporando la dimensión experiencial a la terapia centrada en la persona (Prouty, 1994). Luego, en los años setenta, se puede distinguir una segunda etapa, más centrada en el focusing como técnica. Esta etapa marca una distancia con la terapia centrada en la persona más clásica. Recién en los últimos años, muchas son las voces que están de acuerdo en que la variable del experienciar es algo a considerar desde la terapia centrada en la persona, y que, la esencia del focusing está en el ECP.

En la actualidad nos encontraremos con practicantes de focusing que lo ejecutan como una técnica o herramienta especifica, independiente del enfoque de base con el que trabaja quien lo utiliza. Y, por otro lado, los que practican focusing y se consideran parte de la comunidad del enfoque centrado en la persona.

En cuanto a los terapeutas centrados en la persona, algunos más clásicos, consideran el focusing como una herramienta demasiado directiva, y otros, en cambio, como un desarrollo que contribuye a la psicoterapia centrada en la persona, entendiendo que es un enfoque vivo en constante evolución.

FOCUSING EN PSICOTERAPIA CENTRADA EN LA PERSONA

Considero la teoría experiencial y el focusing como una herramienta que es esencialmente un desarrollo o ampliación del enfoque centrado en la persona, pues, a nivel teórico, lo que realiza Eugene Gendlin es profundizar en algunas ideas de Carl Rogers, incorporando elementos filosóficos, ampliando la reflexión teórica y proponiendo un modo y una herramienta para conectarse con la experiencia interna, entendiéndola como fuente de conocimientos y respuestas a las necesidades del organismo.

Gendlin (1961) en sus primeros estudios observó que los consultantes que lograban éxito en sus procesos terapéuticos eran los que se conectaban con su experiencia interna. Este proceso ocurría en las investigaciones de la terapia centrada en la persona que realizaba Rogers y su equipo, que conocemos hoy día como la versión clásica.

Gendlin (1968) propuso responder también a la experiencia sentida, no sólo a la comunicación verbal del consultante, mediante la respuesta experiencial, que no es otra cosa que una respuesta empática o reflejo que apunta a la sensación sentida, más que al contenido o a la emoción especifica. Más tarde, desarrolló una herramienta en que el terapeuta invita o propone al consultante identificar y focalizar su experiencia, debido a que algunos clientes tenían mayor dificultar para hacerlo naturalmente (Gendlin, 1978).

Rogers (1961) fue evolucionando a través de su obra, incluso haciendo referencia a las ideas de Gendlin, como contribuciones importantes al ECP, y siempre impulsando la continuación y corroboración de sus ideas. Podríamos decir que la teoría de Rogers y el enfoque centrado en la persona es un enfoque vivo, y eso implica la posibilidad de seguir reflexionando, investigando, evolucionando, ampliando, etc.

Respecto a la práctica del focusing, considero que hay esencialmente tres formas de utilizarlo:

a) Una forma sucede cuando los profesionales aprenden o utilizan focusing de manera exclusiva, y se transforman en "focalizadores". En estos casos la persona que consulta va específicamente a trabajar con esta herramienta, y no necesariamente en contextos de psicoterapia. En esta situación, el focusing no está integrado a una terapia centrada en la persona, aunque podrían notarse quizás algunas influencias, especialmente respecto a las actitudes del facilitador, que intenta ser empático, aceptante y congruente (en algunos casos, en otros, se centrarán más en seguir los pasos de la técnica).
b) Una segunda forma sucede cuando los terapeutas de distintos enfoques aprenden focusing, pueden ser gestálticos, relacionales intersubjetivos, cognitivos conductuales, o de cualquier otro enfoque. Aquí los terapeutas utilizan focusing como una técnica que se incorpora a su repertorio, y que es utilizada en el marco de su enfoque de base. Cuando sucede esto, claramente no se está realizando psicoterapia centrada en la persona.
c) Una tercera forma, sucede cuando un terapeuta centrado en la persona incorpora las ideas de

Gendlin, considerando especialmente los desarrollos de la fase experiencial del enfoque centrado en la persona (García & López, 2022). En este sentido, focusing puede ser incorporado de forma coherente a la práctica centrada en la persona, en la medida que se fundamenta en los principios del ECP, y que se realiza en función de la experiencia del cliente, es decir, centrado en la persona/no directivo.

El focusing en un marco centrado en la persona implica en términos teóricos, mantener la premisa de que quien dirige el proceso es el consultante, además, que la relación terapéutica busca ser de persona a persona (entendiendo que cada uno tiene un rol y responsabilidades distintas), y que las acciones del terapeuta se basan en facilitar las actitudes básicas descritas en el capítulo 1 de este libro.

En este sentido, a continuación, describo algunos criterios para que el focusing sea utilizado en un marco coherente con el enfoque centrado en la persona:

a) Cuando el terapeuta responde a la experiencia implícita del consultante, por ejemplo, mediante reflejos experienciales, y también a través de otras formas de comunicación verbal y no verbal.
b) Cuando aparece una sensación sentida en el consultante, y el terapeuta facilita la permanencia o entrada en tal experiencia, siempre de una manera propositiva, no autoritaria.
c) Cuando el consultante quiere entrar en una vivencia puntual, y el terapeuta facilita este proceso para llegar a una sensación sentida, sin utilizar de forma mecánica los "pasos", sino acompañando de forma empática la experiencia.
d) Cuando hay sentimientos y experiencias muy abrumadoras o amenazantes, y el terapeuta acompaña al consultante a tomar distancia o

encontrar un espacio a salvo (en un sentido experiencial).

e) Cuando el terapeuta se conecta con su sensación sentida de la interacción con el consultante, y se la comunica. Es decir, el terapeuta utiliza focusing como una forma de ser más congruente en la relación.

Quiero ejemplificar lo que he descrito. Para ello, describo un ejemplo de integrar focusing en la sesión, manteniendo una actitud centrada en la persona.

C: *(pareciera que quiere hablar, pero se detiene)*

T[1]: parece que algo aparece al conectarte con ese tema

C: Si, cuesta hablar (toca su pecho)

T[2]: Se siente ahí (toca su propio pecho)

C: (*unos segundos de silencio*)

C: Si, siempre trato de evitar cuando siento algo incomodo, no me gusta sentir mucho, aunque creo que eso mismo es el problema

T[3]: Entiendo, ¿Y qué prefieres hacer ahora?, ¿quieres permitirte prestarle atención a esa sensación, o prefieres evitarla por ahora?

C: Siempre lo evito, creo que no quiero seguir haciendo eso, pero no sé cómo hacerlo

T[4]: Entiendo, es decir... ¿quisieras entrar en eso ahora?

C: Si, aunque no sé cómo será

T[5]: Tal vez podríamos prestarle atención, sólo observar esa sensación un momento, y ver que va sucediendo ¿estás de acuerdo?

C: Si, de acuerdo

T[6]: Puedes cerrar los ojos, o mantenerlos abiertos, según te puedas concentrar mejor

C: Ok, mejor los cierro

Si pueden observar, en T[1] el terapeuta hace un reflejo experiencial, es decir, apunta a lo sentido, que no está conceptualizado aún, entonces utiliza la expresión "algo" para intentar no imponer un contenido desde su marco de referencia. En T^2 vuelve a dar una respuesta experiencial, no sólo verbal, sino utilizando su propio cuerpo como espejo.

En T^3 el terapeuta decide preguntar, no está seguro sobre que quiere hacer el consultante con esa experiencia que acaba de aparecer, entonces, simplemente le pregunta, para que sea el consultante quien decida que hacer, el terapeuta es un facilitador. En T^4 el terapeuta hace una pregunta aclaratoria, es decir, quiere corroborar y estar seguro de haber entendido bien, y de mantener la autonomía del consultante.

En T^5 hay una propuesta para invitar a la persona a focalizar su sensación sentida, pero siempre corroborando que el consultante esté de acuerdo con el proceso. El mismo propósito se observa en T^6.

Desde mi concepción de la terapia centrada en la persona, este ejemplo se mantiene en el paradigma de este modelo de terapia, donde el terapeuta trabaja desde el marco de referencia del consultante y es el cliente quien toma las decisiones, siendo el terapeuta un facilitador.

Además, cabe señalar, que en muchas situaciones no es necesario detenerse a focalizar una experiencia sentida, como es el caso del ejemplo anterior. Probablemente, en la mayoría de las veces, lo sentido estará entramado en el dialogo verbal tradicional de una terapia centrada en la persona. Es decir, las respuestas de comprensión empática servirán para que el consultante conecte con su experiencia interna y, a partir de ahí, explore su experiencia en el espacio terapéutico. En estos casos, no es necesario hacer algo particularmente distinto.

Para notar la diferencia, quisiera dar un ejemplo de cómo podría aplicarse fuera de un marco centrado en la persona.

T[1]: mira, por lo que me dices veo que este tema parece importante para lo que estamos trabajando en terapia, y sería bueno que lo profundicemos más, por esto, te voy a pedir que cierres los ojos y te iré dando algunas instrucciones y sugerencias

C: Ok

T[2]: Ahora te voy a pedir que tomes conciencia de tu respiración...

En este breve ejemplo, se observa que el terapeuta claramente no está trabajando desde un marco centrado en la persona. En T[1] hace una evaluación/diagnóstico de la experiencia del consultante, y a partir de ahí, decide unilateralmente utilizar focusing. En T[2] se observa que pareciera que el terapeuta tuviera una pauta estándar a seguir para aplicar focusing, es decir, aplicarlo como una técnica mecánica que tiene cierto procedimiento que se debe seguir.

COMENTARIOS FINALES

Focusing es una herramienta desarrollada por Eugene Gendlin, que surge de sus investigaciones y trabajo junto a Carl Rogers. Es un procedimiento terapéutico que ayuda a las personas a conectarse con su experiencia interna y a poder guiarse por ella. Además, implica aprender a convivir de una forma más amigable con nuestras experiencias, incluso cuando son incomodas o dolorosas.

Se puede concluir que focusing es un desarrollo del enfoque centrado en la persona. Pero, su coherencia con el ECP puede ser relativa, principalmente en la forma de llevarlo a la práctica, más que a nivel teórico. El desarrollo de los pasos, o etapas en el focusing, generó que muchos practicantes lo tomarán como un procedimiento mecánico, utilizado siempre de la misma forma y de manera directiva.

Hay toda una comunidad, especialmente en Europa, que tiene la perspectiva de considerar lo experiencial de Gendlin parte de la terapia centrada en la persona, incluso denominándola como: "enfoque centrado en la persona y experiencial"; agregando un "apellido" más, seguramente en un intento de integrar a las personas que se sentían excluidas de lo centrado en la persona, por ser su base principal lo experiencial.

Eso sí, también vale aclarar que existirán practicantes de focusing, que lo aprenderán y practicarán como técnica independiente, y lo incorporarán a otro enfoque en su práctica terapéutica. Cuando esto sucede estamos hablando de otra forma de utilizar esta propuesta, y claramente ahí, no se estaría realizando terapia centrada en la persona.

En Espacio ECP, institución chilena en que difundimos y formamos a profesionales en el enfoque centrado en la persona, no utilizamos este "apellido" adicional, pero si consideramos estos desarrollos, y para nosotros, están incluidos de forma implícita. A la vez, consideramos que una mirada ortodoxa del ECP estaría muy en contra de lo que el mismo Rogers esperaría del desarrollo de este enfoque.

Una visión contemporánea de una psicoterapia centrada en la persona que logra una sinergia de la mirada clásica con las líneas de desarrollo, tiene como principios comunes que, a) considera que la dirección del proceso es del consultante, pues, hay una confianza básica en las capacidades potenciales de cada persona, b) el terapeuta busca facilitar un clima psicológico basado en actitudes relacionales, y desde ahí se vincula de persona a persona en la relación terapéutica, c) considera su experienciar como un recurso para la terapia y para ser más congruente, d) puede facilitar procesos mediante algunos recursos (juego, arte, el mismo focusing), siempre y cuando se adapten a las necesidades y características de cada consultante y a los principios éticos-políticos del ECP.

Finalmente, espero que te haya quedado claro lo que es focusing, y como integrarlo coherentemente a un marco centrado en la persona. Si estas conociendo esta mirada, ojalá que este capítulo sea un pequeño acercamiento para comprender más esta propuesta de Gendlin, a interiorizarse más en el enfoque centrado en la persona y su evolución. Y para quienes ya son terapeutas centrados en la persona, espero que este capítulo ayude a seguir debatiendo sobre la evolución teórica y práctica de nuestro enfoque.

CAPITULO 4
El abordaje de la psicopatología grave y crónica: una introducción a la pre-terapia

Luis Robles Campos

PREÁMBULO

Tuve la oportunidad de conocer el enfoque centrado en la persona tempranamente en mi formación de pregrado de psicología: hace dos décadas atrás. En aquellos años, empecé a explorar profundamente la amplia bibliografía del enfoque, encontrando una valiosa variedad de temáticas, entre ellas las que referían las posibilidades de esta aproximación terapéutica con la psicopatología más compleja.

En este capítulo, presento una introducción al método de la Pre-Terapia de Garry Prouty para el trabajo de personas afectadas por psicosis u otros cuadros, en que las personas muestran un contacto relacional gravemente alterado y disminuido. Y, más adelante, en el capítulo 8, realizo una introducción al llamado "proceso frágil" descrito por Margaret Warner para el trabajo con personas que experimentan una extrema sensibilidad y reactividad afectiva y relacional en psicoterapia y en sus relaciones personales. Ambas temáticas, ayudarán al lector a visualizar el desarrollo del enfoque centrado en la persona en poblaciones más desafiantes para el trabajo terapéutico.

INTRODUCCIÓN

Aun cuando el desarrollo del enfoque centrado en la persona para el abordaje de la psicopatología aguda y crónica se remonta a la década del sesenta, con los primeros avances teóricos, prácticos y de investigación realizados acerca del tratamiento de la esquizofrenia (Gendlin, 1961, 1962 a,b, 1964a,b, 1966, 1967; Rogers, 1961, 1962a,b; Rogers, Gendlin, Kiesler, & Truax. 1967; Shlien, 1961; Truax, 1970); este enfoque psicoterapéutico no ha sido tradicionalmente reconocido como una aproximación consolidada en este ámbito.

Lo anterior se ha producido, en parte, porque el mismo precursor de este enfoque, Carl Rogers (1942), había planteado inicialmente que la psicoterapia centrada en el cliente no era útil para abordar casos de personas que carecían de habilidades introspectivas; y porque el impulso del desarrollo inicial en este ámbito no se mantuvo a lo largo del tiempo y no se reactivó significativamente sino hasta la década del noventa.

Sin embargo, una excepción a la discontinuidad en este trabajo ha sido el método de la pre-terapia propuesto y desarrollado por el psicólogo estadounidense Garry Prouty a partir de la década del setenta (Prouty, 1976, 1977), el cual se visualiza en la actualidad como una sólida alternativa de abordaje en esta área. El presente artículo constituye una introducción a este desarrollo.

PRE-TERAPIA

La pre-terapia constituye una evolución de la teoría y la práctica de la terapia centrada en la persona (Rogers, 1957). El foco de trabajo de la pre-terapia son aquellas personas cuya habilidad para establecer y mantener contacto psicológico está disminuida, deteriorada o ausente, temporal o permanentemente, ya sea por enfermedad o daño, sin importar si su origen es de carácter psicológico u orgánico. Hasta ahora, el método ha mostrado ser útil en el abordaje de personas con diversos cuadros psiquiátricos severos (Van Werde, 2002, 2005) con esquizofrenia aguda y crónica (Prouty, 1977, 1983, 1994, 2003), con retardo mental con y sin psicosis (Prouty, 1976, 1994, 2001), con retardo mental profundo (McWilliams & Prouty, 1988; Peters, 2005), con desorden de personalidad múltiple (Roy, 1991), con procesos disociativos causados por trauma temprano severo (Coffeng, 1996, 1998, 2002), con demencia (Van Werde & Morton, 1999; Dodds, Morton, & Prouty, 2004), y autismo (Carrick & McKenzie, 2011; Freitas & Maliszewski, 2016).

El método de la pre-terapia provee a los actores terapéuticos las habilidades prácticas para hacer contacto con estas personas cuyo funcionamiento ocurre a niveles muy bajos. Por lo tanto, es un método para reestablecer o fortalecer el contacto psicológico consciente e intencional. Esta aproximación se ha desarrollado en cuatro niveles: filosófico, teórico, práctico y en la investigación.

BASES FENOMENOLÓGICAS

La pre-terapia tiene sus raíces filosóficas en la tradición fenomenológica que tuvo influencia u origen en la psicología y psiquiatría del siglo pasado. Por lo tanto, puede describirse como un método que apunta a lo concreto del fenómeno con el cual estamos directamente en contacto (Prouty, 2003).

La tradición fenomenológica señala el fenómeno concreto como "naturalista", "auto-indicativo" y "desimbolizado". El concepto "naturalista" se refiere a que el fenómeno se presenta naturalmente en la conciencia tal cual sucede. La cualidad "auto-indicativa" señala que el fenómeno concreto se revela así mismo tal cual es y que puede ser descrito tal cual ocurre. En tanto, que "desimbolizado" hace referencia al fenómeno que ocurre por debajo del nivel del lenguaje, que es pre-conceptual, y previo a cualquier análisis que se pueda hacer de él (Prouty, 2003).

Esta descripción filosófica provee un entendimiento del significado "concreto" según se utiliza en las concepciones psicológicas y psiquiátricas sobre la cognición en personas con psicopatología severa, y plantea la sugerencia de abordar la vivencia pre-experiencial de éstas respondiendo a la vivencia directa e inmediata de su ser-en-el-mundo. Tal definición provee también una comprensión de la naturaleza concreta del tipo de respuesta que se utiliza en la práctica de la pre-terapia, lo cual señala que la cognición de los pacientes y las respuestas del terapeuta se encuentran coordinadas bajo la cualidad de la concretud (Prouty, 2007).

TEORÍA DEL CONTACTO PSICOLÓGICO

El punto de partida de Rogers

Según la teoría de la terapia centrada en el cliente, desarrollada por Carl Rogers (1957), se establece que habría seis condiciones necesarias y suficientes para el cambio psicoterapéutico (descritas en el capítulo 1), la primera y más esencial de ella es que el terapeuta y el cliente se encuentren en una mínima relación o contacto psicológico. Lamentablemente, Rogers sólo se refirió escuetamente y no con suficiente claridad acerca de qué implicaría el contacto psicológico, señalando sencillamente que:

> Todo lo que está implicado en esta condición es que dos personas estén en contacto a un cierto nivel, de modo que cada una haga una diferencia percibida en el campo experiencial de la otra. Probablemente, es suficiente si cada una hace una diferencia “subcibida”, incluso aunque el individuo no se dé cuenta conscientemente de este impacto (Rogers, 1957, p. 96).

Podemos observar que el contacto psicológico involucraría que dos personas estén generando impacto en la experiencia de la otra, al menos a un cierto nivel. Ese impacto no necesariamente tendría que ocurrir a niveles de percepción simbólicamente consciente, sino que podría darse sólo a niveles de "subcepción" organísmica.

El desarrollo de Prouty

El acercamiento de Prouty (1994) a la construcción de una teoría del contacto psicológico parte de cuatro observaciones que realiza acerca de la breve conceptualización de Rogers (1957):

1) Que el contacto psicológico es una asunción gratuita en personas con estados regresivos y psicóticos,
2) Rogers no proveyó una descripción teórica acabada acerca del contacto psicológico,
3) No propuso un método clínico para las personas con contacto psicológico deteriorado
4) La definición brindada no se presta para fines investigativos.

El concepto de contacto que Prouty proyecta fusiona la definición de contacto psicológico de Rogers (1957) como la primera condición necesaria para el cambio de personalidad, y el concepto de Perls (1969) acerca del "contacto como una función del Ego". El resultado de esta fusión es la consideración del contacto psicológico como "función necesaria" y "pre-condición" para una relación terapéutica (Prouty, 1994, 1998).

El análisis teórico que Prouty (1994) plantea es un cuestionamiento esencial acerca de la concepción de Rogers sobre lo que es "necesario" para establecer una relación terapéutica, lo cual lo lleva a preguntarse ¿cuáles son las pre-condiciones para establecer una relación de tal tipo? Teniendo en cuenta que algunos consultantes no sólo tienen dificultades para establecer una relación, sino que además no tienen la capacidad de tener un acceso claro y sostenido a la propia experiencia, como lo señala Gendlin

(1961, 1962, 1963, 1964b). Prouty (1994) también se pregunta ¿cuáles son las pre-condiciones para ejercer esta capacidad? instaurando así los conceptos "pre-experiencial" y "pre-relacional" para referirse al estado de los consultantes que se encuentran fuera del contacto psicológico. Entonces, el cuestionamiento que da inició al desarrollo de Prouty es básicamente el siguiente: ¿Qué funciones psicológicas deben estar operativas para que exista la capacidad de experienciar (acceder a la propia experiencia) y de relacionarse (acceder al contacto con el mundo y con los otros)?

Para responder la pregunta anterior, Prouty (1994, 1998, 2003) toma las perspectivas fenomenológicas acerca de cómo experienciamos el fenómeno. Para la fenomenología el fenómeno con el cual estamos en contacto puede entenderse como divido en tres aspectos: el mundo o realidad, los otros, y uno mismo. Las funciones psicológicas que nos posibilitan el contactarnos y relacionarnos con estos tres aspectos del fenómeno son llamadas por Prouty (1994) "funciones del contacto". La pérdida parcial o total de estas funciones serían los indicadores de un contacto psicológico deteriorado, o indicadores de psicopatología. Sin embargo, Prouty (1994, 2003), en lugar de considerar esta pérdida del contacto como una deficiencia, la estima como potencial de un sí mismo que puede desarrollarse desde un nivel "pre-expresivo" (fuera de contacto) a uno "expresivo" (en contacto).

El sí mismo pre-expresivo

El sí mismo pre-expresivo es un concepto heurístico e intuitivo inferido de los casos clínicos y de los estudios empíricos de la pre-terapia, que interpreta el progreso de los pacientes desde un estado fuera del contacto psicológico a un estado de contacto, y constituye un concepto central para comprender el estado regresivo de éstos y la naturaleza de la teoría y la práctica de la pre-terapia. Hay tres observaciones fundamentales que sustentan la existencia de un sí mismo pre-expresivo (Prouty, 2003):

- *Primera observación*: Hay muchos consultantes que, aun cuando padecen cuadros de deterioro agudo y crónico presentan momentos de lucidez en los que hacen contacto con la realidad, con las personas y consigo mismos, al menos a cierto nivel.
- *Segunda observación*: La interacción que se brinda con la pre-terapia mueve al consultante desde un estado pre-expresivo a uno expresivo, esto se ha descrito como el "movimiento pre-expresivo" (Prouty, 2003).
- *Tercera observación*: Evidentemente existe un lenguaje pre-expresivo. Aun cuando los consultantes con grave deterioro se expresan a través de metáforas o relatos complejos y a veces inentendibles. Si se examina semióticamente, se evidencia que tal tipo de esfuerzo comunicativo tiene una estructura y sustento en la realidad.

Estas tres observaciones dan cuenta de la existencia de un sí mismo pre-expresivo que recibe el impacto de la presencia y la comunicación de otra persona y que se constituye en un núcleo de potencial auto-integración para el consultante.

LAS FUNCIONES DEL CONTACTO

Según Prouty (1994, 2003), las funciones del contacto constituyen una expansión del concepto de Perls (1969) del "contacto como una función del Ego", también una derivación de las concepciones fenomenológicas acerca del campo fenoménico (Merleau-Ponty, 1962), y se refieren a la experiencia consciente, intencional y simbólica acerca del mundo, de los otros, y de uno mismo. Estas funciones son tres: 1) función de contacto con la realidad, 2) función de contacto afectivo, y 3) función de contacto comunicativo.

- *Función de contacto con la realidad*: Se refiere a la capacidad de las personas de sentirse una parte del mundo, e incluye la conciencia del lugar donde se está, conciencia del tiempo y eventos, de la presencia de otras personas y objetos, etc.
- *Función de contacto afectivo*: Se origina por la conciencia de los propios estados anímicos, emociones y sentimientos, implicando una conexión con el propio organismo.
- *Función de contacto comunicativo*: Se refiere a la habilidad de simbolizar la propia vivencia para los otros, al plantear los pensamientos y los sentimientos de modo que las demás personas lo puedan comprender, lo cual implica una vinculación intencional hacia el mundo y los otros.

La deficiencia o ausencia de estas tres formas existenciales de ser-en-el-mundo, implicarían un sí mismo en estado "pre-expresivo", y en sus niveles más deteriorados evidenciarían lo que Prouty (1994) llama "autismo existencial". Reestablecer o potenciar las funciones de contacto sería la pre-condición para establecer una relación terapéutica en el caso de las personas con contacto deteriorado.

LOS REFLEJOS DE CONTACTO

Los reflejos de contacto son el método básico de la pre-terapia (Prouty, 1976, 1994, 2007) y consisten en cinco tipos de respuestas terapéuticas extraordinariamente concretas y literales, que apuntan a los aspectos fenomenológicos del encuentro con la persona con contacto psicológico disminuido, deteriorado o ausente. Este tipo de reflejos se basan en las funciones cognitivas concretas propias de los cuadros esquizofrénicos, del retardo o del daño cerebral.

Los reflejos de contacto son distintos de los reflejos de sentimientos de la perspectiva clásica, en el sentido que no apuntan de modo alguno a captar un marco de referencia interno, sino que a captar la vivencia directa evidente en el ser-en-el-mundo de la persona, para crear y mantener el contacto psicológico entre terapeuta y consultante (Freeth, 2007).

Los reflejos de contacto son: reflejos situacionales (RS), reflejos faciales (RF), reflejos palabra por palabra (RPP), reflejos corporales (RC), y reflejos reiterativos (RR).

1. *Reflejos Situacionales (RS):* Estos reflejos señalan lo que ocurre en el aquí y ahora del consultante: su entorno, lo que ocurre alrededor, la presencia de personas u objetos, lo que la persona está haciendo ahora, etc., para ayudar a que la persona realice contacto con la realidad.
   Por ejemplo: "Estás sentada en la cama", "Se oye un perro ladrando", etc.
2. *Reflejos Faciales (RF):* Muchos consultantes crónicos no expresan sentimientos en el contacto con otros, por lo cual sus expresiones afectivas sólo pueden captarse a través de sus gestos faciales. Por ello, los reflejos faciales apuntan a captar esta gestualidad para crear y mantener contacto afectivo. Se hacen de dos formas: haciendo con la propia cara las expresiones faciales del paciente; y verbalmente.
   Por ejemplo: "Estás sonriendo".
3. *Reflejos Palabra por Palabra (RPP):* Este tipo de reflejo apunta a crear y mantener contacto comunicativo. Ya que muchos consultantes con psicosis, retardo o daño cerebral presentan síntomas como discurso desorganizado o fragmentado,

neologismos o ecolalia, los reflejos palabra por palabra tienen como objetivo recoger los aspectos entendibles de este tipo de comunicación, reconociendo de manera aceptante y empática el esfuerzo comunicativo que realiza la persona, y dándole al mismo tiempo la experiencia de ser recibido y reconocido como un ser comunicante.

Por ejemplo:

Consultante: "Mi casa... ppff... El diablo... (murmullos inentendibles) ... suena",

Terapeuta: "Tus palabras fueron 'Mi casa... El diablo... suena".

4. *Reflejos Corporales (RC)*: El cuerpo humano es inherentemente expresivo, por lo tanto, los reflejos corporales son un reconocimiento empático a esa condición. Hay dos clases de reflejos corporales: el literal, hecho con el propio cuerpo, imitando la corporalidad del consultante; y el verbal. Los reflejos corporales apuntan a desarrollar las funciones de la conciencia, facilitando que la persona se dé cuenta de su propio cuerpo y de la actividad que éste realiza.

   Por ejemplo: "Tus brazos están en el aire".

5. *Reflejos Reiterativos (RR):* No deben confundirse con el reflejo reiterativo de la práctica rogeriana. En la práctica proutyana, los reflejos reiterativos, son más bien "reflejos retroactivos". Si cualquier interacción o reflejo generó alguna reacción o respuesta en el consultante, el terapeuta la puede reiterar. Hay dos tipos de reflejos reiterativos, los de corta data y los de larga data. Los de corta data repiten algo que la persona dijo o hizo durante la sesión en curso. Los de larga data reflejan algo que la persona dijo o hizo en sesiones anteriores.

LAS CONDUCTAS DE CONTACTO

Las conductas de contacto son los cambios comportamentales emergentes indicativos de los efectos de la pre-terapia. Son sus resultados observables y se clasifican en 1) contacto con la realidad, 2) contacto afectivo, y 3) contacto comunicativo (Prouty, 1994, 2003).

1. *Contacto con la realidad*: Son aquellas verbalizaciones que el paciente hace acerca de personas, animales, lugares, objetos y eventos.
2. *Contacto afectivo*: Se operacionaliza por las expresiones corporales o faciales de afecto o por la referencia a palabras que indican sentimientos.
3. *Contacto comunicativo*: Se mide por el uso de expresiones de emociones o sentimientos utilizados en un contexto relacional: "déjame, estoy enojado", "necesito un abrazo", etc., o de otros planteamientos o solicitudes con contenido de realidad y utilizados en un contexto de socialización: "me puedes dar agua", "necesito hacer una llamada a mi familia", "voy a dormir y después nos juntamos", etc.

¿CÓMO USAR LOS REFLEJOS DE CONTACTO?

La Pre-Terapia se sustenta sólidamente en la base ética de la no-directividad (Prouty, 1994); esto quiere decir que el terapeuta renuncia a cualquier intento por dirigir la situación en términos de temáticas, análisis o juicios, o de procesos experienciales específicos, reconociendo al consultante como una persona autónoma y auto-determinada, siendo la única responsabilidad del terapeuta seguir el proceso del consultante de un modo aceptante y empático.

Respecto al tipo de comprensión que se practica en la pre-terapia, Prouty (2001a) la describe como "un nuevo tipo de empatía", ya que no apunta a captar el marco de referencia interna del consultante, sino que a captar los aspectos pre-expresivos de su experiencia. Lo que se busca es contactar y trabajar con esa parte de la persona que aún, o ahora mismo, está en funcionamiento (Van Werde, 2005). De modo que el terapeuta ofrece empatía existencial a través del contacto directo al nivel cognitivo del consultante, potenciando así la posibilidad de establecer una relación.

Considerando el estilo radicalmente fenomenológico de los reflejos de contacto, debe tenerse en cuenta que no es conveniente utilizarlos de manera mecánica. Prouty (2007) señala una serie de consideraciones para ofrecerlos adecuadamente. Primero, en la pre-terapia el método básico de comprensión es la experiencia directa, y no una interpretación de ella. Los lineamientos principales son responder al momento fenomenológico y estar atento a la conducta que surge en la persona para hacer contacto con ella.

ILUSTRACIÓN DE CASO

El siguiente caso clínico sintetiza una extensa sesión de una hora con una mujer de 45 años que ha vivido toda su vida institucionalizada, en situación de abandono. La ficha de la consultante indica que ha recibido diversos diagnósticos psiquiátricos como esquizofrenia crónica, autismo, y retraso mental severo. Otros antecedentes indican que presenta mutismo severo debido a diversos traumas por ataques sexuales y aislamiento en instituciones psiquiátricas. Además, presenta daño cerebral asociado al uso de diversos fármacos por décadas. La consultante suele estar sin realizar contacto visual, generalmente no habla y rara vez responde preguntas. En esta sesión, la cuarta en un proceso de pre-terapia realizada por el autor, la persona se mantiene sin responder la mayor parte del tiempo, pero finalmente logra develar algunas cosas, e incluso responder más normativamente. La viñeta muestra cómo los reflejos de contacto estimulan la comunicación de la consultante desde un nivel pre-expresivo hacia un contacto expresivo.

T: (RS) Estás mirando ahí.

C: (No responde).

T: (RS) Estás mirando para allá.

C: (Repentinamente, dice algo muy rápido) Ustedes, ustedes comían cazuela, comían cazuela, comían cazuela las chiquillas, por (inentendible), cazuela, cazuela, sí, sí (inentendible), me pasó un accidente.

T: (RPP) "Ustedes comían cazuela".

C: Sí (responde mirando).

T: (RPP) Y dijiste: "Me pasó un accidente".

C: Sí (responde mirando y empieza a palmotear sus manos).

T: (RC) Estás golpeando tus manos.

C: (No responde, pero dirige su mirada al terapeuta).

T: (RF) Y estás abriendo la boca.

C: (Deja de convulsionarse, luego mira en otra dirección y respira fuerte).

T: (RC) Estás respirando fuerte así, ahhh.

C: (No responde).

T: (RPP) Me dijiste, "A mí me pasó un accidente".

C: (No responde, mira en otra dirección mientras mueve la lengua).

T: (RF) Tú lengua se mueve.

C: Sí (responde mirando al terapeuta).

T: (RR; RPP) Dijiste: "Me pasó un accidente". Me gustaría saber ¿Qué accidente te pasó?

C: Sí. Me pasó un tractor (responde mirando al terapeuta).

T: (RPP) Te pasó un tractor.

C: Sí (responde mirando al terapeuta).

T: ¿Dónde?

C: En el colegio (responde mirando al terapeuta).

T: (RPP) Te pasó un tractor, en el colegio.

C: Sí. En el colegio me sacan fotos (responde mirando al terapeuta).

T: (RPP) "En el colegio te sacan fotos".

C: Sí, sí, sí.

T: (RR, corta data; RPP) Jessica, entonces tú dices que te pasó un accidente, que te pasó un tractor, en el colegio.

C: Sí, sí, sí (responde mirando al terapeuta).

C: En el colegio me sacan fotos.

T: (RPP) En el colegio te sacan fotos.

T: Ajá, ¿y quién te saca fotos?

C: Las profesoras (responde mirando al terapeuta).

T: (RPP) Las profesoras te sacan fotos.

C: Sí, sí (manteniendo la mirada al terapeuta).

¿QUIÉN PUEDE UTILIZAR LA PRE-TERAPIA?

La pre-terapia es un método para cualquiera que quiera trabajar o comunicarse con personas cuya habilidad para establecer y mantener contacto psicológico esté deteriorada. A diferencia de otros métodos psicoterapéuticos, la pre-terapia se presenta como una alternativa accesible para ser utilizada no sólo por profesionales propios de la salud mental como psicólogos y psiquiatras, sino que se propone como herramienta de la cual pueden disponer otros actores de los sistemas de salud como enfermeras, consejeros, terapeutas ocupacionales, etc. (Dodds, 2007; Van Werde, 2007).

Resulta especialmente útil su utilización para aquellas personas que trabajan en equipos de intervención en crisis, o las que están en contacto permanente con los consultantes mientras están institucionalizados. De hecho, ya existe una experiencia en Bélgica dirigida por el psicólogo Dion Van Werde, en el que se ha creado una cultura de cuidado en un hospital psiquiátrico en que todo el equipo de trabajo ha sido instruido con el método (Van Werde, 2007). Pero aún más, el método de la pre-terapia ha sido utilizado de manera exitosa incluso por familiares de personas que se encuentran fuera del contacto psicológico. En este sentido, resultan interesantes los reportes de McWilliams & Prouty (1998) acerca de una mujer que utilizó el método con su hijastra con retraso mental profundo, y de Catherine Clarke (2006) sobre cómo ayudó a su propio hijo en un prolongado episodio psicótico.

ENFATIZANDO LA DIMENSIÓN RELACIONAL DE LA PRE-TERAPIA

Por supuesto, la pre-terapia no consiste en el uso restringido de los reflejos de contacto como implementación estereotipada de una técnica (Dodds, 2007), sino que esencialmente se trata de la conformación de una relación interpersonal que enfatiza el desarrollo del contacto psicológico (a diferencia de la práctica clásica de la psicoterapia, que enfatiza la expresión y la exploración de la experiencia); por lo tanto, se entiende que cualquier otra manera de "estar con" la persona y que contribuya a fortalecer la relación, resulta valiosa en el contexto de su implementación.

Es importante enfatizar lo anterior puesto que Bozarth (1998), quien ha criticado que la pre-terapia, se aleja del espíritu esencial de la psicoterapia centrada en la persona al proponer un "repertorio" de respuestas terapéuticas que apuntan de manera intencional a desarrollar contacto expresivo. Sin embargo, tal cual se han planteado, los reflejos de contacto no constituyen un acercamiento instrumental a la persona, sino que sencillamente son una nueva manera de brindar aceptación y comprensión: un nuevo tipo de empatía, como señala Prouty (2001a), que se acerca a la experiencia más concreta; un básico y existencial “estoy contigo, aquí y ahora”. Tomando en cuenta esto, se podrá apreciar que la crítica de Bozarth se asimila mucho a la sobre-simplificación que inicialmente se hacía a la mirada clásica, cuando se le consideraba la mera aplicación de la técnica de reflejo de sentimientos.

Entonces, la práctica de la pre-terapia apunta a crear una relación interpersonal, en la cual el terapeuta se propone la meta de estar presente, de manera aceptante, empática y auténtica para la persona, del mismo modo en que se plantea la terapia centrada en la persona para individuos cuyas capacidades comunicativas están en funcionamiento, con la diferencia que la interacción que se brinda en el método de la pre-terapia no está restringida a un setting terapéutico pre-establecido y limitado por el terapeuta, sino que se extiende a cualquier situación donde el encuentro existencial sea posible (habitaciones, oficinas, salas, y pasillos de instituciones de atención, la casa de los consultantes, lugares abiertos, etc.). Por lo tanto, tal condición de horizontalidad acentúa aún más la cualidad relacional de esta práctica centrada en la persona.

BENEFICIOS DE LA PRE-TERAPIA

La implementación y la práctica constante de la pre-terapia brindan una serie de beneficios tanto para el consultante como para los equipos de trabajo que facilitan el trabajo terapéutico (Pre-Therapy International Network, 2008).

Para los consultantes: Disuelve el aislamiento personal y social y gran parte de los síntomas secundarios asociados a tal aislamiento. Reduce el distrés psicótico. Los consultantes se sienten más estables y son más capaces de involucrarse en las actividades de la vida cotidiana. Hace que las personas se reactiven y potencien las habilidades cognitivas y emocionales necesarias para integrar sus experiencias dolorosas. Desarrolla y fortalece las relaciones entre consultantes y los actores del equipo de trabajo.

Para el equipo de trabajo: Facilita y potencia el acompañamiento y el cuidado de los consultantes al ofrecer una comunicación persona a persona. Incrementa la conciencia sobre los diferentes tipos de conducta funcionante de los consultantes. Desarrolla habilidades para abordar la experiencia delirante y alucinatoria de las personas. Constituye una herramienta transmisible a los familiares. Empodera la labor de los integrantes del equipo de ayuda, entre otros.

CONCLUSIÓN

La pre-terapia no es sólo una teoría o una práctica terapéutica, sino que consiste en un método para entender y conectar con los niveles más bajos de funcionamiento de la experiencia humana (retardo, demencia, esquizofrenia, etc.), lo cual la hace contrastar con la tradición humanista de occidente que se ha focalizado en los niveles más altos de ésta, como la tendencia a la auto-actualización, las experiencias cumbre, entre otras. (M. Portner, en Prouty, 2008). Por consiguiente, es una actitud que acerca a los practicantes a nuevos niveles de sensibilidad hacia las formas regresivas de "ser en el mundo" al proponer una empatía existencial que Prouty (1998) define como "dar testimonio del sufrimiento humano con humildad y aceptación".

CAPITULO 5

Terapia de juego centrado en el niño y la niña: teoría y práctica

Francisco Bahamonde Martínez

INTRODUCCIÓN

La verdad me emociona que estés leyendo este libro y en especial este capítulo donde conoceremos la forma de trabajar con los niños y niñas. En lo personal, el llegar a conocer el enfoque centrado en la persona y la terapia de juego me permitió trabajar con los más jóvenes y sobre todo reconocer sus potencialidades. No sé si yo busqué el enfoque o él a mí, pero ha sido una relación de crecimiento que comenzó en un momento donde lo único que sabia era que quería realizar psicoterapia, sin tener claro cómo. Las corrientes psicológicas que conocía no me hacían sentir auténtico frente a los consultantes e incluso a veces sentía que actuaba durante las sesiones. Hasta que conocí, cuando más lo necesitaba, la terapia centrada en la persona. Quizás también el hecho de ser padre relativamente joven y ver cómo crecía mi primera hija, y luego la segunda, me llevaron a decidir atender a niños, que es una experiencia muy reconfortante y a la vez difícil. La visión que se tiene de ellos desde el ECP reconoce todas sus potencialidades, entregando fe y esperanza en su desarrollo y capacidades, lo que convierte la labor terapéutica en un momento emocionante de encuentro.

Espero que al finalizar este capítulo tengas las nociones básicas para ver si esto te emociona tanto como a mí. Para aquello, a través del texto, iré tratando de responder algunas preguntas que surgen cuando queremos comenzar en esto de ser terapeutas infantiles: ¿Cómo puedo trabajar desde el enfoque centrado en la persona con los niños? ¿será suficiente el uso del lenguaje verbal con ellos? ¿los más pequeños podrán simbolizar todas sus vivencias por medio del lenguaje verbal? ¿hay otro medio de trabajar con las niñas? ¿cómo debo usarlo desde este enfoque terapéutico? Probablemente si estás interesada en trabajar con las más pequeñas, estas preguntas pueden aparecer, pero la buena noticia es que existe una metodología para acompañar sus procesos. Esta forma de trabajo ha mostrado resultados exitosos en las investigaciones que se han realizado para comprobar su efectividad.

El Center for Play Therapy de la University of North Texas (2022) señala que la terapia de juego centrada en el niño es una terapia infantil basada en la evidencia, adecuada especialmente para niños entre 3 a 11 años, aunque también hay estudios con preadolescentes y adolescentes. Se ha investigado en niños con problemáticas sociales, emocionales, conductuales y relacionales, incluso cuando es una perspectiva que no se enfoca únicamente en el problema o los síntomas. También señalan que desde los años noventa a la fecha fueron realizados alrededor de 17 investigaciones de resultados controlados, 13 de ellos corresponden a ensayos controlados aleatorios, y los otros cuatro, corresponden a estudios cuasiexperimentales, ya que fueron en entornos de la vida real. Además, se han publicado cuatro metaanálisis que han mostrado efectos significativos de la TJCN en una gran variedad de problemas y tipos de poblaciones, considerando 42 estudios entre los años 1947-1996 (LeBlanc y Ritchie, 2001), 93 estudios entre 1953-2000 (Bratton, Ray, Rhine y Jones, 2005) 52 estudios entre 1995-2010 (Lin, y Bratton, 2015), y 23 estudios entre 1975-2011 (Ray, Armstrong, Balkin, y Jayne, 2015).

En este capítulo, primero hablaré del juego, luego de las ideas teóricas básicas de la terapia de juego centrada en el niño, para finalmente terminar describiendo los principales elementos que sirven para la práctica de esta forma de hacer terapia infantil.

EL JUEGO

Es a través del juego que podamos llegar a acercarnos a los niños, ya que es una parte importante para el crecimiento emocional, social y cognitivo que se desarrolla espontáneamente en cada uno de ellos (Bratton, Ray, Lindo, & Landreth, 2005). Para poder ingresar en el mundo de los niños, el juego resulta un camino propicio y accesible, pues es la forma en que se sienten más cómodos, es un ambiente natural para ellos. Según plantea Perry (2006), la curiosidad implícita en el juego propicia en la niña la exploración y el descubrimiento, generando sensaciones de gozo y placer que favorecen la repetición de la conducta.

Virginia Axline (1969) nos dice que "el juego es el medio natural de autoexpresión que utiliza el niño. Es una oportunidad que se le da para que exprese sus sentimientos y problemas" (p. 18). Es el medio que nos permite, como adultos, poder acercarnos al mundo interior del niño. Esta es la instancia donde nosotros podemos ingresar al universo de los más pequeños, ya que siempre son ellos los que deben adaptarse al adulto, con nuestras reglas y exigencias.

Junto con lo anterior, cuando Woltmann (citado en Landreth, 2018) nos habla del juego, nos explica que permite representar situaciones que podrían ser confusas o incluso perturbadoras para los niños, en especial cuando son más pequeños y su desarrollo del lenguaje aún está en proceso. Es por esto, que los juguetes y otros recursos creativos son ideales para la expresión de las emociones y sentimientos.

CONOCIENDO LA TERAPIA DE JUEGO CENTRADA EN EL NIÑO Y LA NIÑA

La primera terapeuta que comenzó a trabajar desde el ECP con las niñas y niños utilizando el juego fue Virginia Axline en los años 40, quien fue estudiante y posteriormente parte del equipo de Carl Rogers. Ella, confiando en el concepto de tendencia actualizante y de no directividad (revisar capítulo 1) propuestos por Rogers, formula 8 principios para su trabajo (Axline,1946), que son:

1. El terapeuta debe desarrollar una relación interna y amigable con el niño, mediante la cual se establece una armonía lo antes posible.
2. El terapeuta acepta al niño tal como es.
3. El terapeuta crea un sentimiento de actitud permisiva en la relación, de tal forma que el niño se siente libre para expresar sus sentimientos por completo.
4. El terapeuta está alerta a reconocer los sentimientos que el niño está expresando y los refleja de nuevo hacia él de tal forma que logra profundizar más en su comportamiento.
5. El terapeuta observa un gran respeto por la habilidad del niño para solucionar sus problemas, si a éste se le ha brindado la oportunidad para hacerlo. Es responsabilidad del niño decidir y realizar cambios.
6. El terapeuta no intenta dirigir las acciones o conversación del niño en forma alguna. El niño guía el camino; el terapeuta lo sigue.
7. El terapeuta no pretende apresurar el curso de la terapia. Este es un proceso gradual y, como tal, reconocido por el terapeuta.
8. El terapeuta establece solo aquellas limitaciones que son necesarias para conservar la terapia en el mundo de la realidad y hacerle patente al niño de su responsabilidad en la relación.

Como podemos leer, estos principios tienen aspectos similares a lo que Rogers (1957) tiempo después, describe como condiciones necesarias y suficientes (descritas en el capítulo 1 de este libro, en especial, los puntos 2, 3, y 4). El aceptar al niño tal como es, como ya hemos leído en el capítulo 1, es algo esencial y fundamental en este enfoque. Lógicamente habrá momentos en que se nos presentarán en nuestra sala de juego muchos niños, todos ellos muy diversos, que pondrán a prueba en ciertas ocasiones nuestra capacidad de aceptación, pero vale la pena recordar que el espacio se lo estamos regalando a ellos, un espacio donde pueden ser recibidos en su totalidad, siendo aceptados incondicionalmente. Esto es algo realmente distinto y será novedoso para muchos de ellos, ya que quizás no es algo que vivan fuera de la sala de juego. Esta aceptación permite que puedan desenvolverse libremente, sin el miedo a ser juzgados por sus sentimientos y acciones que van experimentando.

De igual manera, se puede reconocer que estos principios ponen énfasis en la relación que se debe establecer con el consultante. Como lo explican los puntos 5 y 6, nos muestra una profunda confianza en el desarrollo del niño y respeto por su propio proceso.

Es el consultante quien dirige la terapia, el terapeuta debe seguirlo. Esto significa también entregarle la responsabilidad al niño de cómo solucionar sus problemas y decidir sus cambios, algo que parece quizás distinto a lo que estamos acostumbrados, ya que constantemente tenemos la idea de que a los más jóvenes solo se les debe enseñar y decir que deben hacer, o la forma en que deben resolver sus problemas porque “aún no saben hacerlo” o tal vez “no están preparados” o “son muy pequeños para entender”. Esto que parece un pequeño cambio de visión, es un elemento crucial para que el consultante logre tomar confianza en sus propias capacidades, siendo capaz de tomar sus propias decisiones, creyendo en su propio desarrollo y el poder solucionar los problemas que se le presenten generando una mayor autonomía. Lógicamente, me refiero a situaciones que efectivamente el niño pueda decidir, por ejemplo, de qué color pintar un dibujo, ir y tomar un objeto, abrir una pintura, etc.

En el punto 7, Axline (1946) nos señala que debemos respetar el ritmo del proceso del niño, no podemos forzarlo a avanzar cuando él no se siente preparado para aquello. Al ser él quien dirige, también es él quien decide la velocidad con la que iremos en este camino que hemos decidido acompañarlo. Para esto, nosotros como terapeutas debemos tener paciencia en los avances, ya que en ocasiones en las primeras sesiones se podrán ver grandes avances, y en otras, los cambios serán más lentos por lo que requerirán más tiempo y serán menos evidentes. En estos momentos, se ponen a prueba nuestras actitudes y cómo debemos seguir confiando y aceptando empáticamente lo que nos va presentando ese niño que está al frente de nosotros.

Objetivo de la TJCN

Para Rogers (1977) el objetivo de la terapia centrada en la persona es generar una mayor independencia e integración del individuo. Para esto, no nos centrarnos en el problema particular o síntomas de la niña, pues perderíamos de vista a la persona que está al frente de nosotros. Igualmente, esto no significa que los problemas no importen, significa que la intervención apunta a la persona en su totalidad. El objetivo es que ella pueda afrontar el problema actual y los que podrían venir de una manera más integrada, ayudándole a crecer y generando las condiciones pueda experimentar la integración y crecimiento. Los terapeutas de juego centrados en el niño tienen plena confianza en que es la experiencia de la niña en la *relación terapéutica* lo más significativo y útil para crear un cambio positivo y duradero (Dee Ray, 2011). Las niñas poseen una capacidad innata para crecer y madurar, y la relación que logramos establecer permite el desarrollo de esas potencialidades de los niños (Landreth, 2018).

La investigación a través de metaanálisis y de diversos estudios independientes indican que la terapia de juego centrada en el niño es una intervención basada en la evidencia (Bratton, Ray, Lindo & Landreth, 2014) y una teoría que reconoce la relación entre el terapeuta y el niño como el principal factor de curación para los niños que experimentan desafíos emocionales y conductuales (Dee Ray, 2011).

Principios orientadores de la TJCN

Landreth (2018) nos ofrece 10 principios que nos orientan y debemos tener en cuenta al momento de relacionarnos adecuadamente con las niñas:

1. Los niños no son adultos en miniatura: Hemos aprendido gracias a las teorías del desarrollo humano, que los niños piensan y actúan de manera diferente a los adultos.
2. Las niñas son personas: Ellas tienen emociones intensas y pensamientos que las abruman, debemos darle el reconocimiento junto con la importancia que merecen.
3. Los niños son únicos y dignos de respeto: Cada niño es único e irrepetible, valoramos la singularidad de ellos, entregándoles respeto como persona.
4. Las niñas son resilientes: Las niñas pueden enfrentarse a grandes dificultades en su vida, pero cuentan con una gran capacidad para perseverar y

superar estos obstáculos, tanto así que a veces a los adultos nos es difícil de comprender como lo logran.

5. Los niños tienen una tendencia inherente al crecimiento y la madurez: Los niños tienen una sabiduría interna que les permite dirigirse al desarrollo impulsados por la tendencia actualizante.
6. Las niñas son capaces de dirigirse a sí mismas de manera positiva: Las niñas son capaces de desarrollar positivamente su mundo de manera creativa.
7. El lenguaje natural de los niños es el juego: Este es el medio más seguro y cómodo donde los niños logran desenvolverse.
8. Las niñas tienen derecho a permanecer en silencio: Debemos aprender a respetar los silencios de ellas, pues operan incluso de mejor manera de forma no verbal.
9. Los niños llevarán la experiencia terapéutica allá donde ellos necesiten ir: El terapeuta debe confiar en la dirección que quiere llevar el niño y no decidir él cuándo o cómo el consultante debe jugar.
10. No se puede acelerar el crecimiento de las niñas: Tenemos que aprender a ser pacientes en el proceso de las consultantes, pues ellas irán avanzando al ritmo que necesitan ir. La paciencia es importante al momento de trabajar con niñas.

Landreth, (2018) nos dice que la relación que creamos con los consultantes es la clave del crecimiento, no la aplicación de juguetes, juegos o técnicas, y esta relación siempre debe centrarse en el presente, en que el niño logre vivir la experiencia junto al terapeuta. Además, siempre debemos apuntar a los sentimientos que puedan emerger en la terapia, más que estar esperando verbalizaciones o pensamientos del niño. Comprendiendo desde su marco de referencia lo que está vivenciando y no tratar de dar explicaciones a sus actos o juegos.

Como hemos podido comprender en estos párrafos, los niños tienen derechos y la capacidad de desarrollarse positivamente si le entregamos el espacio seguro donde puedan desenvolverse, a través de la relación que generamos con ellos en base a las actitudes terapéuticas de Rogers, considerando su singularidad. No son problemas que hay que solucionar o síntomas que se deben tratar, sino que una persona íntegra que debemos ayudar a facilitar su crecimiento. Como dice Rogers (1977) "no es que el enfoque dé poder a la persona; es que nunca se lo quita" (p. xii), y con los niños les hacemos reconocer el poder que tienen, el poder para ser resilientes, para encontrar las soluciones a sus problemas y el poder para desarrollarse.

LA PRÁCTICA DE LA TJCN

La sala de juego

Ahora que conocemos los fundamentos y el objetivo de la terapia de juego centrado en el niño y la niña, ¿cómo lo ponemos en práctica? Para comenzar, debemos hablar de la sala de juegos y los juguetes. Landreth (2018) recomendó que el tamaño de la sala sea de 3,6 por 4,5 metros, donde el piso y las paredes sean fáciles de lavar por el uso de materiales expresivos que puedan manchar el lugar. Sin embargo, esto se puede modificar dependiendo de los recursos que cuente el terapeuta. Lo importante es que la consultante se sienta cómoda y segura dentro de la sala de juegos.

También podemos tener una maleta o caja donde podamos transportar nuestro material cuando es necesario, en lo que llamaríamos una sala de juego itinerante. Esto es útil si el lugar en donde se atiende trabaja otros profesionales o el terapeuta hace sus atenciones en más de un lugar. En este último caso, se puede evitar tener material que vaya a manchar las paredes o estropear la sala o consulta que se va a utilizar.

Es importante tener en cuenta que se debe evitar elementos cortopunzantes o que eventualmente pudieran generar daños o riesgos para la niña que va a entrar a la sesión. Y guardar cualquier elemento que el terapeuta no quiera que sea manipulado por la niña. La idea es que todo lo que esté disponible a la vista o acceso de la niña, pueda ser utilizado por ella.

Los juguetes

Para la selección de juguetes, Landreth (2018) nos explica que deben facilitar los siete elementos esenciales para la terapia de juego: a) establecer una relación positiva con la niña, donde puedan expresar sentimientos de diferente tipo, b) explorar experiencias de la vida real, c) probar los límites de la realidad, d) desarrollar una imagen positiva de ellos mismos, e) desarrollar la comprensión de sí mismo y f) tener la oportunidad de desarrollar autocontrol.

Dee Ray (2011) nos señala que para una adecuada selección de material debemos hacernos 3 preguntas:

1. ¿Qué propósito terapéutico tendrá esto para los niños que los usan?
2. ¿Cómo ayudará esto a que las niñas se expresen?
3. ¿Cómo me ayudará esto a generar una relación con los niños?

Estas preguntas nos ayudarán a orientarnos, debido a que si logramos encontrar un propósito a los juguetes será más fácil su elección (Dee Ray, 2011). Si analizamos estas preguntas, probablemente, computadores, celulares, libros o juegos de mesa que en general traen sus propias reglas, podrían no cumplir con alguno de los 3 criterios de las preguntas. Sin embargo, esto siempre quedará en manos de la creatividad del terapeuta y/o el consultante.

Landreth (2018) agrupa en tres grandes categorías generales la elección de los juguetes:

1. Juguetes de la vida real: Esta categoría hace alusión a todos los juguetes que representan actividades o situaciones de la vida cotidiana, esto ayudará a las niñas a simbolizar a través del juego momentos de su vida y expresar sus sentimientos.
   Ejemplo: Muñecos de familia, automóviles, casa de muñecas, títeres, caja registradora, celular, barco, avión, kit médico, artículos de cocina, muñecas, biberones, entre otros.
2. Juguetes para liberar sentimientos agresivos: Las niñas viven muchas emociones que no son aceptadas en lo cotidiano, y no poseen una manera verbal adecuada para expresarlas, por eso este tipo de material permite la liberación de estos sentimientos dentro de la sala de juegos.
   A veces, cuando comenzamos a trabajar con niños, la expresión de estas emociones puede asustarnos, por lo que es necesario que como terapeutas seamos conscientes de eso, para no frenar la expresión del niño, aunque en ocasiones se debe poner límites. (Landreth, 2018).
   Ejemplos: Bobo (o mono porfiado), cuchillos de plástico, pistola de dardos, animales salvajes, soldados, martillo de plástico, bolsa de boxeo, esposas, algún material para destrozar (hueveras, papel o cartón, esto va a depender también de la creatividad de la terapeuta).
3. Juguetes para la expresión creativa y la liberación emocional: Estos hacen referencia a los materiales que carecen de estructura por lo que el niño puede

utilizarla de la manera que el considere necesaria. También, a todo lo que permite expresarse libre y creativamente de manera incluso artística. Estos pueden generar sentimientos de satisfacción, porque no hay una manera correcta de usarla, sino que es el consultante el que le va dando un sentido a estos materiales.

Ejemplos: Bandeja de arena, bloques de madera, plastilina, pinturas, lápices, hoja de papel, pizarra, agua, entre otros.

Es importante recordar que no se debe solo tener juguetes con el fin de acumularlos, sino que deben tener una intención dentro de nuestra sala de juegos o caja de juguetes. Por supuesto, es importante mencionar que la calidad de los materiales debe ser la óptima para que puedan ser atractivos para las niñas. Además, podrán ser ocupadas de diferentes maneras, de formas tan creativas por parte de los consultantes que no estaremos preparados nunca para todo lo que puede suceder.

Cuando organicemos nuestra sala de juegos, debemos tener en consideración la distribución de los juguetes, principalmente mantener una estructura en las sesiones para que la niña tenga un orden que pueda mantenerse en el contexto doméstico. Imagínense que en cada sesión la consultante deba recorrer toda la sala para encontrar el material que necesita, eso solo podría llegar a producir nerviosismo, ansiedad o una sensación de caos que debemos evitar. En cambio, si todo se encuentra ordenado, en el lugar que corresponde y accesible, permitirá un adecuado desarrollo de la sesión junto con una sensación de orden. Con esto ya podemos hacernos una idea entonces de cómo preparar el espacio y los materiales para que nuestro consultante se sienta acogido.

HABILIDADES DEL TERAPEUTA

Habilidades no verbales

Los niños se expresan mayoritariamente de forma no verbal, por lo que los terapeutas de juego deben ser capaces de manejar la misma forma de expresión, para esto debemos ser respetuosos con lo que nos comunica la consultante (Dee Ray, 2011; Landreth, 2018). La manera en que nosotros le comunicamos al niño que estamos presentes puede ser por medio de nuestra postura corporal, inclinándonos hacia adelante para poder demostrar atención, o el seguir con nuestra mirada y cuerpo los movimientos en la sala de juego de la niña. Una postura relajada, manteniendo brazos y piernas posicionadas para darle una sensación de apertura.

También, debemos tener en cuenta la distancia física que debemos mantener, para que se sienta acompañado y no invadido, por lo que hay que estar atento a cómo se va desenvolviendo su lenguaje no verbal. Hacer coincidir nuestro ritmo y tono con el del niño transmite una comprensión real por las emociones que expresa (Dee Ray, 2011).

De igual forma, hay que coincidir nuestra respuesta verbal con la no verbal, para expresar autenticidad (Dee Ray, 2011; Landreth, 2018). Las niñas logran reconocer muy bien las situaciones en que no somos congruentes, gracias a su manejo del lenguaje no verbal, y de ser así, dificultará el establecimiento de la relación, pues, no se sentirán con la confianza de relacionarse con alguien que se muestra de manera poco genuina.

Un ejemplo de esto nos describe Dee Ray (2011), si la niña nos golpea de manera casual, lo que genera algo de molestia o enojo en el terapeuta y la respuesta que entrega es “suelen pasar accidentes aquí” con un tono afectivo plano para no demostrar esa molestia, probablemente la niña percibirá esto de manera poco sincera, provocando desconfianza en la relación. Una respuesta más sincera y eficaz podría ser: "eso me dolió, pero a veces ocurren accidentes aquí". Esta expresión permite ser congruente con lo que el terapeuta está sintiendo y de igual manera entiende lo que pasó en esa particular situación sin culpar al consultante.

Habilidades verbales del terapeuta

Dee Ray (2011) nos explica que las respuestas verbales son igualmente necesarias para una intervención efectiva, teniendo en cuenta que, debido a la limitada capacidad verbal de los más pequeños, las respuestas que entreguemos deben ser breves y simples, de lo contrario los consultantes pueden perder interés o confundirse con la respuesta que entregue el terapeuta.

Hay 8 categorías de respuestas verbales terapéuticas para trabajar con las consultantes (Landreth, 2018; Landreth, Ray & Brantton, 2009; Dee Ray, 2011):

1. Seguimiento de comportamiento: Esta es la categoría más básica del terapeuta de juego, la intención es seguir verbalmente la conducta de la niña, describiendo lo que está viendo u observando. Esto permite que el niño se sienta acompañado y reconozca el interés del terapeuta, además de ingresar al mundo de del consultante (Dee Ray, 2011).

   Ejemplos:

- La niña toma el león, el terapeuta puede responder: "acabas de tomar eso".
- La niña se para y camina hacia los juguetes, el terapeuta puede responder: "Te acercaste a los juguetes".

2. Reflejo de contenido: Este reflejo es similar a lo que se trabaja con los adultos, se pueden parafrasear los comentarios verbales que hace el niño. Reflejar el contenido valida la experiencia y aclara la comprensión de los niños de sí mismos (Landreth, 2018).
   Ejemplo: El niño nos cuenta que fue a jugar a una plaza cercana a su casa, respuesta del terapeuta puede ser: "fuiste a la plaza y te divertiste mucho".
3. Reflejo de sentimiento: Este reflejo intenta captar la intención y sentimientos que están implícitos en las palabras del consultante, sin imponerlos (López, 2019). Este tipo de respuestas es una habilidad superior, debido a que los niños no expresan generalmente sus emociones de forma verbal, además que puede ser algo amenazador este reflejo, por lo que debe trabajarse con cuidado. Este tipo de respuesta permite que los niños reconozcan las emociones que van sintiendo y pueden expresarlas de manera adecuada.
   Ejemplo: El niño dice: "cuando mi hermano toma mis juguetes quiero pegarle", la respuesta del terapeuta puede ser: "cuando tu hermano toma tus juguetes te sientes muy enojado".
4. Facilitar la toma de decisiones, devolver la responsabilidad: Uno de los objetivos de la terapia es que las niñas sean autónomas y capaces de encontrar soluciones a los problemas que se le presentan cotidianamente. Devolverle la responsabilidad genera en la niña una sensación de empoderamiento, sintiéndose con mayor capacidad para enfrentar las diferentes situaciones que se le presenten. Como dice Landreth (2002), no hacer por los niños lo que pueden hacer por sí mismos.

Ejemplos:
La niña quiere dibujar, toma el lápiz y pregunta: ¿qué tengo que hacer aquí? En este momento, podemos vernos tentados de decirle opciones de las cosas que puede hacer como dibujar, pintar o rayar; pero la respuesta que devuelve la responsabilidad a la consultante podría ser "puedes hacer lo que tú quieras hacer".
Otro ejemplo es: la niña pide abrir la tapa de un lápiz, el terapeuta puede responder "quizás eso lo puedes hacer tu".

5. *Facilitar la creatividad*: Esto posibilita que el niño siente una mayor libertad para expresar su creatividad generando una flexibilidad en su pensamiento y acción.
   Ejemplos:
   El niño dibuja un árbol y pregunta ¿de qué color son los árboles? El terapeuta le responde: "aquí puede ser del color que tú quieras". Puede pasarnos que queramos enseñarle en muchas ocasiones al niño cuál es color o la forma correcta para hacerlo, pero en este espacio debemos darles el privilegio a los niños de ser creativos.
   La creatividad también se fomenta cuando el niño toma por ejemplo un auto y me pregunta ¿qué es esto? También debemos responder: "aquí puede ser lo que tú quieras" y puede que el niño lo ocupe como un auto o como una nave espacial, lo importante es que él sea libre de tomar la decisión.
6. *Construcción de la estima*: En este punto, es importante diferenciar la construcción de la propia estima reconociendo los logros de la niña, como contraposición a entregar refuerzos positivos, como sería "eso te quedo muy bonito" que pueden alentar

a la niña a buscar elogios externos para sus acciones. Entregar este tipo de respuestas (refuerzos positivos) provoca que evaluemos la actividad que hace la niña, si alabamos su trabajo puede que sus movimientos se dirijan por esta evaluación externa más que por motivaciones internas. (Landreth, 2018). Landreth (2018) señala a modo de ejemplo que, si la niña nos muestra su dibujo, podemos ver sus facciones y el tono en que nos habla de su obra, por lo que podemos responder "estás orgullosa de tu dibujo" o "te gusta lo que dibujaste". Reflejando los sentimientos de la consultante, esto le ayuda a confiar en sus propias evaluaciones internas y fomentamos su motivación intrínseca.

7. *Facilitar la relación*: Este tipo de respuestas ayudan a formar una relación positiva con el consultante, por lo que debemos estar atentos para poder entregarlas correctamente, pues recordemos que la terapia servirá como modelo para las demás relaciones en la vida cotidiana. Dee Ray (2011) nos explica que siempre este tipo de respuesta debe considerar a ambos, es decir el niño y el terapeuta.
   Ejemplo: La niña antes de terminar la sesión realiza un dibujo para después regalárselo al terapeuta con una sonrisa. Terapeuta: Veo que tú querías hacer este dibujo para regalármelo a mí, muchas gracias.
8. *Establecimiento de límites*: Que la TJCN sea una terapia no directiva, no significa que la niña pueda hacer absolutamente todo lo que quiera dentro de la sesión. Debemos entregar límites para que se asemeje a lo que ocurre en su vida real. Además, como nos explica Axline (1946) "un niño obtiene sus sentimientos de seguridad mediante límites predecibles, consistentes y realistas" (p.47). Es

importante tener en cuenta que estos límites se marcan solo cuando es necesario, es decir, no se advierten antes de la sesión o en un encuadre previo, más bien se realizan en el momento que se hace presente la necesidad.

¿Y cuándo ocurre esto? Para ello debemos considerar tres situaciones en las que es necesario establecer límites: 1) si el consultante se puede lastimar o se hace daño, 2) si lastima o intenta dañar al terapeuta o 3) si destruye parte del material de la sala de juegos.

Para poder entregar los límites, Landreth (2018) nos explica 3 pasos a seguir que podemos recordar con las siglas RCP.

a) Reconoce los sentimientos de la niña: Este es un punto importante, ya que el reconocer la emoción, la motivación o el sentimiento que está implícito en la conducta de la niña, le permite entender que lo que está sintiendo es válido y aceptado, que lo que debemos cambiar es la conducta que está realizando.

b) Comunicar el límite: Es importante que en este paso el límite sea explicado de manera clara y concreta para evitar confusiones del consultante, por ejemplo: "no le pegues tan fuerte a la pared" es un límite ambiguo porque no queda claro que significa concretamente "tan fuerte". Es mejor decir "no le pegues a la pared", así se entiende de mejor manera lo que no se debe hacer.

c) Plantear alternativas aceptables: Aquí se deben ofrecer alternativas a realizar dentro del espacio de sesión que reemplace la conducta que queremos evitar. Se ofrece la alternativa y no se impone, le entregamos opciones a realizar, pero es la consultante la que debe decidir qué hacer, siempre debe ser la elección de ella para que aprenda a buscar alternativas adecuadas en su vida cotidiana, así como poder autorregularse.

A continuación, entregaré un ejemplo donde podamos reconocer el RCP:

Niña: (toma los lápices de colores) - pintare en la pared mi paseo de vacaciones.

Terapeuta: - Quieres mostrarme como fue tu paseo, pero las paredes no son para pintar, puedes pintar en las hojas que están en la mesa.

Niña: - bueno, voy a pintarlo de muchos colores para que tú lo veas (luego toma las hojas y comienza a pintar).

En este ejemplo, notamos claramente cada momento del RCP. Cuando el terapeuta dice "quieres mostrarme como te fue en tu paseo", reconoce lo motivación que hay detrás de la idea de pintar las paredes y la verbaliza para que la niña se sienta comprendida; luego, comunica el límite con "las paredes no son para pintar", mostrando que eso no se debe hacer; por último, plantea la alternativa "puedes pintar en las hojas que están en la mesa", opción que la consultante toma para hacer el dibujo que desea.

CONCLUSIONES

La TJCN nos entrega una mirada donde la niña y el niño toman un rol principal. Por ende, son ellos los que dirigen la sesión y eligen las respuestas a sus propias conductas, además de recibir un espacio seguro donde puedan desenvolverse de manera autentica, permitiéndoles explorar aspectos de ellos y ellas mismas que no conocían o no sabían cómo lidiar.

Este espacio genera un crecimiento genuino donde no es el terapeuta o algún adulto que los moldea. Todo lo contrario: es la niña y el niño quienes van tomando una dirección que sienta que es la correcta o necesaria para sí mismos. Y para nosotros como terapeutas, el poder acompañar ese crecimiento es una oportunidad muy valiosa que podemos observar con gran cariño y fe en su propio desarrollo.

La terapia de juego centrada en el niño cuenta con investigación para considerarla una forma de terapia con apoyo empírico y, por lo tanto, valiosa para aplicarla en contextos públicos y privados.

Es necesario realizar más investigaciones a nivel latinoamericano, ya que uno de los grandes problemas es que la mayoría de las publicaciones de TJCN son en inglés. También, otra limitación es que este modelo no se estudia en profundidad y muchas veces se tienen ideas erróneas de las posibilidades que entrega.

Espero que este capítulo haya estimulado a seguir indagando sobre la terapia centrada en la persona en general y la terapia de juego centrada en el niño y la niña en particular.

CAPITULO 6

Artes expresivas centradas en la persona: una introducción a la conexión creativa

Alejandro López Marín

INTRODUCCIÓN

Como he dicho en el capítulo 3 de este libro, mi formación como psicoterapeuta centrado en la persona ha incluido diversos desarrollos que han surgido a partir de las ideas de Carl Rogers. En ese sentido, una de las líneas que considero importante es la *conexión creativa* de Natalie Rogers, un tipo de terapia de arte expresiva basada en el enfoque centrado en la persona, que puede utilizarse como modelo de arteterapia o integrarse a procesos de terapia dialógica.

El objetivo de este capítulo es entregar una visión general de las artes expresivas centradas en la persona. Para quienes lean este capítulo, encontrarán una posibilidad de utilizar recursos artísticos, tanto a nivel individual, como grupal, en el marco del enfoque centrado en la persona.

Primero hablaré sobre quien es Natalie Rogers, luego describiré los fundamentos teóricos y prácticos de este modelo, y finalmente, comentaré algunas ideas sobre como proponerlo a los consultantes. Para lograr este propósito me basaré esencialmente en el libro The Creative Connection, que es la principal obra de Natalie Rogers, donde describe los aspectos teóricos y metodológicos de lo que llama conexión creativa.

NATALIE ROGERS PHD. (1928-2015)

Natalie nació el 9 de octubre de 1928 en Rochester, Nueva York, hija de Helen y Carl R. Rogers; creció en

Nueva York y Ohio y en los años 1970 se mudó a San Francisco, donde estableció su trabajo profesional (Person-Centered Expressive Arts, 2022).

Natalie Rogers fue una mujer pionera en la terapia de artes expresivas, fundamentó su trabajo en el enfoque centrado en la persona, y a su método lo denominó creative connection. Escribió tres libros: The Creative Connection, The Creative Connection for Groups, Emerging Woman; además de numerosos artículos.

En sus primeros años como profesional, trabajó en una clínica psiquiátrica, en un centro universitario y como terapeuta en una escuela para niños con trastornos emocionales. Después de eso, se dedicó a la práctica privada por más de 2 décadas. Por lo tanto, su experiencia fue con niños y adultos, en contextos de consulta privada, colegios, centros psiquiátricos, aplicando su modelo en procesos individuales y grupales. Dirigió formaciones en Estados Unidos, China, México, Rusia, Inglaterra, Escocia, Irlanda, Noruega, Suecia, Dinamarca, Francia, Italia, Bélgica, Alemania, Japón, Corea del Sur, Brasil, entre otros (Person-Centered Expressive Arts, 2022).

En 1984, con su hija, fundó el Instituto de Terapia Expresiva Centrada en la Persona en Santa Rosa, California, donde también dictó formaciones. Facilitó diversos grupos, capacitó a terapeutas y dio conferencias a nivel internacional hasta su muerte en 2015. Fue profesora adjunta en el Instituto de Estudios Integrales de California. En 1998, la Asociación Internacional de Terapia de Artes Expresivas le otorgó el primer premio Lifetime Achievement Award y en 2015 recibió el premio Carl R. Rogers Heritage (O´Hara, 2016).

Maureen O´Hara (2016), hace una descripción clara sobre su figura:

Natalie Rogers, pionera humanística, creadora de las

artes expresivas centradas en la persona, hija de Helen y Carl Rogers, falleció el 17 de octubre de 2015 en su casa. Crio a tres hijas, Naomi, Frances y Janet. En 1970, se mudó al Área de la Bahía de San Francisco para establecerse como psicoterapeuta, artista y activista feminista. Su primer libro, Mujer Emergente, ofrece una descripción cándida y sentida de la transición que muchas mujeres estaban haciendo en ese momento, de una vida definida por las expectativas y necesidades de los demás a una que brotaba de su propia interioridad profunda. La suya era la voz de una generación de mujeres que crecieron en la claustrofóbica década de 1950 y se esperaba que sumergieran su propio potencial en favor del de sus maridos. En California, desarrolló su propia forma distinta de práctica transformadora combinando el arte con la psicoterapia, a la que llamó conexión creativa. Con el apoyo y la participación de su padre, creó el Instituto de terapia expresiva centrada en la persona y capacitó a profesionales en todo el mundo. En sus libros, Conexión Creativa y Conexión Creativa para Grupos, describe el proceso. Natalie era activista por la paz, feminista y maestra. Será recordada por su contribución a la psicología humanista y sus feroces pero elegantes esfuerzos en favor de las personas oprimidas, la paz y el medio ambiente (p. 156).

Sin duda una gran figura, no sólo dentro del enfoque centrado en la persona, sino de la psicología humanista en general y de las terapias de arte. Además, fue también una activista por la paz, el medio ambiente y el feminismo.

PRINCIPIOS HUMANISTAS DE LA CONEXIÓN CREATIVA

Natalie Rogers (1993), propone algunos principios teóricos que van en sintonía con las psicologías humanistas en general y con el enfoque centrado en la persona en particular. A continuación, algunos de ellos:

a) Todas las personas tienen una capacidad innata para ser creativas.
b) El proceso creativo es curativo. El producto expresivo proporciona importantes mensajes al individuo. Sin embargo, es el proceso de creación el que es profundamente transformador.
c) El crecimiento personal se logra a través de la autoconciencia, la autocomprensión y la intuición.
d) La autoconciencia, la comprensión y la percepción se logran al profundizar en nuestras emociones. Los sentimientos de pena, ira, dolor, miedo, alegría y éxtasis son el túnel por el que debemos pasar para llegar a otro lugar: la autoconciencia, la comprensión y la plenitud.
e) Nuestro sentimientos y emociones son una fuente de energía. Esa energía se puede canalizar hacia las artes expresivas para ser liberada y transformada.
f) Las artes expresivas, incluidas el movimiento, el arte de la escritura, el sonido, la música, la meditación y las imágenes nos llevan a descubrir vivencias que aún no han sido simbolizadas. Esto a menudo nos permite expresar facetas previamente desconocidas de nosotros mismos, sacando así a la luz nueva información y más conciencia.
g) Los modos de arte se interrelacionan entre sí. Es decir, al moverse afecta la forma en que se escribe o se pinta. Cuando se escribe o se pinta afecta los sentimientos y el cómo se piensa. Entonces, durante el proceso de conexión creativa, una forma de arte nutre a la otra.
h) Existe una conexión entre nuestra fuerza vital y la esencia de todos los seres. Por lo tanto, a medida

que viajamos hacia adentro de nosotros para descubrir nuestra esencia o totalidad, descubrimos nuestra relación con el mundo exterior, lo interior y lo exterior se vuelven uno.

i) El crecimiento personal se lleva a cabo en un entorno seguro y de apoyo. Los facilitadores (maestros, terapeutas, líderes de grupo, padres, colegas) que son genuinos, cálidos, empáticos, abiertos, honestos, congruentes y cariñosos pueden ser facilitadores del crecimiento de otra persona y/o de los grupos.

CONEXIÓN CREATIVA: ARTES EXPRESIVAS CENTRADA EN LA PERSONA

El arte está en la vida cotidiana de la mayoría de nosotros. Por ejemplo, podemos hacer garabatos o dibujos en una reunión de trabajo; cuando viajamos solemos escuchar música; cuando pasamos por ciertos estados emocionales, hay algunas canciones que nos hacen más sentido, ciertas películas que nos impactan más, ciertos colores que preferimos más, etc.

La terapia de artes expresivas centradas en la persona parte de la idea de que lo terapéutico se relaciona con la creatividad (Tassinari, 2020). Esto es compartido por Carl Rogers (1962), quien señala que la creatividad es algo que está en todas las personas, y en la medida en que estemos más abiertos a la experiencia, también vamos a desarrollar una mayor capacidad creativa. Esta forma de arte expresiva, como se mencionó anteriormente, fue desarrollada por Natalie Rogers, quien la llama conexión creativa. Este modelo se considera un desarrollo o ampliación del enfoque centrado en la persona.

La conexión creativa integra distintas formas de arte (movimiento, dibujo, música, pintura, escritura, escultura, sonido, improvisación, entre otras) (Natalie Rogers, citada en Guadiana, 2003), y lo que la diferencia de otras formas de arte expresivas es que no prioriza una forma de expresión artística sobre otra (Tassinari, 2020). La conexión creativa puede ser desarrollada en espacios terapéuticos individuales y grupales. Puede ser en el contexto de arteterapia, y también en terapias dialógicas, en las cuales se puede ofrecer algún elemento expresivo como canal de comunicación y exploración de la experiencia del consultante. En la terapia de artes expresivas, no se busca la calidad artística de la persona que lo realiza; por el contrario, lo importante es facilitar un espacio donde se desarrolle la creatividad, la intuición, la espontaneidad; en un clima de contención, apoyo y empatía.

Utilizar el arte en los ambientes terapéuticos facilitaría que las personas puedan (Rogers, 1993):

a) Conectarse y simbolizar su experiencia cuando las palabras no alcanzan,
b) Conectarse con su mundo emocional y profundizar en él,
c) Expresar los aspectos emocionales relacionados con ciertas experiencias,
d) Desarrollar la creatividad, la que servirá para la vida cotidiana.

La conexión creativa ayuda a que experiencias internas se puedan externalizar, vivenciar y expresar para que se puedan procesar, a través de distintas formas de arte, tal como se describe en esta cita:

> La interacción mejorada entre el movimiento, el arte, la escritura y el sonido. Moverse con conciencia, por ejemplo, nos abre a sentimientos profundos que luego pueden expresarse en color, línea o forma. Cuando escribimos inmediatamente después del movimiento y el arte, surge un flujo libre en el proceso, que a veces resulta en poesía (Rogers, 1993, p.4).

Este proceso de conexión creativa también puede darse en lo cotidiano, por ejemplo, cuando una persona escucha música en su casa, luego comienza a bailar y después continúa dibujando. También alguien puede estar intentando escribir algo y siente que necesita escuchar música para despertar su creatividad u ordenar sus ideas. O alguien que quiere plasmar una idea, puede necesitar salir a dar una vuelta, caminar por la casa, y es en ese proceso que aparece la inspiración.

En cuanto a las temáticas de trabajo psicoterapéutico, se puede trabajar con personas que presentan consumos problemáticos y/o adicciones, sobrevivientes de abuso sexual, duelo, toma de decisiones, mejorar habilidades emocionales, en entornos hospitalarios, etc. Y a nivel de ciclo vital, se puede trabajar con niños, adolescentes, adultos y adultos mayores (Rogers, 1993).

ARTES Y TERAPIA

Artes visuales

Natalie Rogers (1993) señala que puede incluir dibujar, pintar, hacer collage, trabajar con arcilla, plastilina, entre otros elementos. Sería particularmente apropiado cuando la persona está explorándose a sí misma, y aparecen imágenes o colores en su relato. Ofrecer en ese momento, elementos de artes visuales podría ayudar a profundizar su experiencia. También podría ser ofrecer algún trabajo puntual e incluir alguna imaginería al inicio, especialmente con consultantes que les cuesta conectarse con su experiencia presente.

Movimiento

Es apropiado para facilitar la expansión de sentimientos o la transformación de imágenes a movimiento, lo cual ayuda a una conexión más profunda con las vivencias. Rogers (1993) sugiere una invitación bastante sencilla: "¿Estarías interesado en expresar ese sentimiento a través del movimiento?" (p. 117). Cuando la respuesta es afirmativa, sé puede sugerir: "podrías fijar tu espacio, cerrar los ojos, y dejar que ese sentimiento se exprese a través de tu cuerpo" (p. 117). También, en ocasiones, puede ser importante mantenerse sin hacer movimiento, durante un buen tiempo, para tomar consciencia del cuerpo y del espacio. Es importante señalar que siempre se plantea como una propuesta, no como indicación, la idea es que el consultante tenga el poder de decidir.

Cuando la persona se concentra en un sentimiento y luego permite que esto se refleje a través del movimiento, se está usando el movimiento para la autoexpresión. En cambio, cuando la persona no sabe lo que siente, luego cierra los ojos y deja que el impulso corporal llegue, y ahí, comienza a moverse, está usando el movimiento para el autodescubrimiento (Rogers, 1993).

En ocasiones, el terapeuta puede ser "testigo" del movimiento, y en otras, puede acompañar también moviéndose, siguiendo al cliente (Rogers, 1993). En general, en este segundo caso, es conveniente primero preguntar al cliente si esto le acomoda, ayuda o, por el contrario, le es incómodo. Vale la pena aclarar que cuando el terapeuta es "testigo", acompaña con las actitudes básicas del enfoque centrado en la persona, no como alguien que ve una presentación artística, no como un evaluador, sino como un compañero que es empático, aceptante y congruente, y que está intentado comprender el marco de referencia del otro.

Sonido

Natalie Rogers (1993) señala que el sonido es una herramienta extremadamente poderosa para la terapia, esto se puede hacer en simultaneo con otros elementos de arte, por ejemplo, hacer sonidos, mientras pintan, o sé mueven en el espacio. El sonido, podría ser desde cantar, tararear, hacer sonidos guturales, ruidos, etc.

Los sonidos pueden expresar y evocar sentimientos de distinto tono emocional, es decir, sentimientos dolorosos, alegres, angustiantes, etc.

Escritura

La escritura se suele usar no solo en terapias de arte, puede ir desde que el cliente escriba una especie de bitácora, hasta una escritura vivencial en un momento puntual. En el caso de las artes expresivas, se puede proponer como alternativa, siempre como sugerencia, no como tarea.

También puede ser útil al final de una actividad proponerle que la persona escriba sobre su experiencia, luego de haber explorado sus vivencias a través de los otros medios (Rogers, 1993).

CONEXIÓN CREATIVA Y ENFOQUE CENTRADO EN LA PERSONA

La relación facilitadora

Natalie Rogers (citada en Guadiana, 2003) se basa en la idea de que las artes son un medio para que las personas profundicen en experiencias que, generalmente, no podrían expresar hablando de ellas. Para esto, ella señala la importancia de que el terapeuta expresivo centrado en la persona pueda crear un clima psicológico de confianza y seguridad, para que la persona pueda explorar sus experiencias (Rogers, 1983). En este sentido, algo fundamental que fue descrito ya en el capítulo 1, es que el terapeuta posea las actitudes de empatía, aceptación y congruencia. Es decir, la conexión creativa parte de la idea de que la exploración de las experiencias tiene que darse en un clima psicológico adecuado. Esto significa que, en el trabajo con artes, el terapeuta busca que el consultante se sienta lo más seguro y libre de amenazas posible (Tassinari, 2020). Esto lo puede hacer mediante la comunicación verbal, reflejando u otras formas verbales, y también a través del arte, es decir, el terapeuta acompaña también mediante la expresión artística.

El ser humano como un organismo confiable

El terapeuta expresivo centrado en la persona confía en las capacidades y potencialidades de sus clientes, considera que cada persona tiene las herramientas para construir su propio camino, para profundizar en su experiencia y para tomar sus decisiones (Rogers, Tudor, Embleton & Keemar, 2012). Así como las actitudes básicas de la terapia centrada en la persona, la noción de tendencia actualizante es también un pilar fundamental en este modelo. En el capítulo 1, se ha profundizado más en el concepto de tendencia actualizante.

Centrado en la persona vs terapias directivas

En la conexión creativa, el terapeuta propone, invita u ofrece a los consultantes explorar sus vivencias a través del arte, no lo impone, no lo indica como tarea, no busca persuadir a los consultantes (Rogers, Tudor, Embleton & Keemar, 2012). En este sentido, el terapeuta es, por un lado, un facilitador del proceso, y por el otro, un colaborador que en una relación persona a persona propone, sugiere, pero no impone, y respeta las decisiones de sus consultantes respecto a trabajar, o no, con arte.

Por lo tanto, en la conexión creativa el terapeuta mantiene la noción de trabajar centrado en la persona, que en un comienzo se denominaba no directivo. Aunque el concepto de no directividad se presta para algunos malentendidos, por ejemplo, suponer cierta pasividad del terapeuta. Pero en realidad, la idea de no directividad se relaciona principalmente con la perspectiva del terapeuta de ser un colaborador, sin imponer arbitrariamente sus ideas o métodos, no decidir por la persona respecto a sus problemas y no realizar juicios de valor. Y, por otra parte, ser no directivo significa ser un facilitador de procesos para que la persona que consulta se sienta segura, se atreva a explorar sus vivencias, descubra sus recursos, tome sus decisiones, procese sus sentimientos, entre otros. El terapeuta centrado en la persona es alguien que trabaja colaborativamente con el consultante, que confía en sus capacidades y no se posiciona desde el rol de quien sabe lo que el cliente debe sentir, pensar o hacer.

La conexión creativa es una forma de trabajo centrado en la persona, y es justamente Natalie Rogers (1993) quien lo señala claramente en esta cita:

> El aspecto centrado en la persona de la terapia de artes expresivas describe la filosofía básica que subyace a mi trabajo. El enfoque centrado en el cliente o centrado en la persona desarrollado por mi padre, Carl Rogers, enfatiza el papel del terapeuta como empático, abierto, honesto, congruente y cariñoso, mientras escucha en profundidad y facilita el crecimiento de un individuo o un grupo. Esta filosofía incorpora la noción de que cada individuo tiene valor, dignidad y capacidad de autodirección. La filosofía de Carl Rogers se basa en la confianza en un impulso inherente hacia el crecimiento en cada individuo. Baso mi enfoque de la terapia de

> artes expresivas en esta profunda fascinación por la capacidad innata de cada persona para alcanzar su máximo potencial (p. 3).

Trabajar desde el marco de referencia del cliente

Hay diversas formas de arteterapia y de utilización de recursos artísticos en procesos terapéuticos, existe el arte terapia psicoanalítica, donde se realizan interpretaciones a las creaciones de los consultantes, en el ámbito de salud se utiliza con un fin recreacional/ocupacional la mayoría de las veces, también como estrategia de psicodiagnóstico, entre otros.

En este sentido, hay diferencias en cómo se lleva a la práctica las artes expresivas cuando se trabaja centrado en la persona, Natalie Rogers (1993) señala lo siguiente:

> Me parece contraproducente tener categorías de diagnóstico para símbolos y colores ¿Podría, como cliente, sentirme espontánea o libre para crear, si mis obras debían ser juzgadas y etiquetadas? Tal etiquetado me haría sentir cohibida por exponer sentimientos inconscientes a través del arte. Me gusta dar a mis clientes (y estudiantes) el mismo respeto y consideración que necesito (p.102).

Natalie también critica el hecho de que algunos terapeutas utilizan la expresión a través del arte como una especie de predicción o de significado más allá del que le da el cliente:

> Mis reacciones al uso del diagnóstico y análisis del arte provienen de mis experiencias con médicos entrenados como terapeutas de arte freudianos. También me han horrorizado los nuevos psicólogos humanistas que usan el arte para "leer" el pasado de una persona y predecir el futuro. Ser adivino de esta manera contradice los derechos básicos y el respeto por el individuo que es

inherente a los principios humanistas. Considero que tales prácticas son peligrosas.

Cada uno de nosotros tiene su propio sistema de valores como psicoterapeuta. Es importante ser consciente de estos valores al utilizar el proceso de conexión creativa con los clientes. El credo que he desarrollado a lo largo de los años resume, de una manera muy personal, mi adaptación de la filosofía centrada en la persona (Rogers, 1993, p. 103).

La conexión creativa se fundamenta en el enfoque centrado en la persona, por lo tanto, el arte es un medio para que el cliente se conecte con su experiencia, pueda explorarla con mayor profundidad y desde diversos lugares. Además, es un canal que tiene el terapeuta para poder facilitar las condiciones necesarias y suficientes para el cambio terapéutico.

UTILIZACIÓN DE LAS ARTES EXPRESIVAS CON LOS CLIENTES

Espacio físico y materiales

Si va a trabajar directamente con conexión creativa como forma de intervención, es decir arteterapia, es necesario tener una oficina apropiada para aquello, ojalá con cierta aislación de ruido para trabajar con música y sonidos en general. Se debe contar idealmente con una mesa de mediano tamaño, también debe quedar un espacio libre que permita trabajar con movimiento. Se recomienda que tenga buena ventilación, que idealmente tenga luz natural, y que la decoración transmita un sentido estético idealmente (Rogers, 1993).

Algunos materiales que sugiere Natalie Rogers (1993) son los siguientes: papel, periódicos, almohadas, lápices, rotuladores, lápices pasteles, cita adhesiva, un tambor, arcilla, material de collage, revistas, tijeras, pegamentos, entre otros. La idea es que el terapeuta vaya agregando la suficiente diversidad de materiales para que pueda acompañar a sus clientes.

Cuando no es arteterapia, sino que los recursos artísticos son un complemento ocasional, puede ser suficiente con algunos materiales, que ojalá estén a la vista del consultante (puede ser en una mesa pequeña, o en un mueble).

Apertura

Si trabaja como arte-terapeuta, es necesario primero hacer un encuadre al respecto. Puede ser útil explicar brevemente de qué se trata la conexión creativa y cuál es su implicación. Es muy importante señalar que el arte en este contexto no se basa en el producto final, sino en el proceso y la expresión. En un contexto de terapia de arte o arteterapia, puede ser incluso importante describir brevemente cada tipo de expresión artística por separado, así el consultante estará al tanto de todos los recursos que puede hacer uso, y los beneficios de cada uno (Rogers, 1993).

Cuando se realiza una terapia dialógica, donde eventualmente se ofrecerá algún recurso artístico, simplemente se puede explicar que existe esa alternativa, cuales podrían ser los beneficios, y que podrá ser ofrecida en alguna oportunidad por el terapeuta, o solicitada por el consultante.

También es relevante señalar al cliente que siempre tiene la opción de elegir, o decir que no, a alguna propuesta, y que eso será respetado. Justamente, parte del proceso terapéutico es que vaya descubriendo sus respuestas, y pueda tomar sus propias decisiones.

Al respecto, Natalie Rogers (1993) sugiere algunas

ideas para sugerir el trabajo con recursos artísticos:

> Es apropiado ofrecer las artes expresivas en cualquier momento que normalmente preguntes: "¿Cómo te sientes al respecto?" o "¿Te gustaría decir más sobre eso?" o "¿Te gustaría explorar eso con más profundidad?"
>
> Si la persona dice que sí, la siguiente pregunta podría ser: "¿Le gustaría intentar usar el color o el movimiento para explorar esos sentimientos?" Si la respuesta es "no estoy seguro", tienes la oportunidad de sugerir esto como una nueva forma de autoexploración. Tienes razón en sugerir tomar un riesgo que podría ser beneficioso. Si la persona declina su interés, es importante respetar esa elección.
>
> Si, por otro lado, la respuesta es sí, ofreces la elección de materiales y mencionas que es el proceso, no el producto, lo que es importante (p. 133).

Trabajando con artes expresivas

Natalie Rogers (1993), antes de comenzar con el proceso de arte, sugiere tomarse unos minutos en silencio con los ojos cerrados y chequear si esto es cómodo para el consultante. Se puede ofrecer algún tipo de meditación o imaginería guiada con el fin de que la persona se conecte más con su experiencia. Considero que también podría ser útil proponer un mini-focusing si el terapeuta está familiarizado con aquello.

¿Qué recursos específicos ofrecer? Depende indudablemente del momento, puede ser un ofrecimiento amplio, por ejemplo: *¿quisieras expresar esto a través de algunos de estos elementos de arte que te he comentado?* o *¿quisieras probar expresar lo que te está sucediendo con algunos de los materiales que están aquí?* También puede suceder que el terapeuta está conectado con el consultante y está comprendiendo su marco de referencia, ahí puede sugerir algún elemento puntual como pintar o hacer un movimiento, un sonido, etc. (Rogers, 1993). Puede que en ocasiones explorar con una forma de arte sea suficiente, pero en general la idea de la conexión creativa es que la persona pase de una forma de expresión a otra, esto le permite lograr mayor profundidad. También, se debe considerar que cada persona puede conectase mejor con ciertas formas de arte, y no con todas por igual.

En general, es prácticamente imposible decir el tipo de arte a sugerir o proponer en cada momento. Considerando que las experiencias son particulares a cada persona, debemos asumir y confiar en el cliente y en su capacidad de decisión.

Natalie lo describe claramente aquí:

> Las personas que me observan en una sesión de demostración a menudo preguntan: ¿Cómo supiste si usar movimiento o sonido con ese cliente? No lo sé, en el sentido de que no hay una forma de arte correcta o incorrecta que ofrecer. Utilizo mi intuición, las pistas del cliente y, lo más importante, confío en que el cliente me diga el camino apropiado. Es decir, siempre le pregunto si ese medio es algo que ella quiere usar (Rogers, 1993, p. 109).

Respecto al tiempo, en sesiones individuales se puede realizar en el tiempo habitual de sesiones, que suele oscilar entre 45 a 60 minutos. También en ocasiones, los consultantes siguen explorando sus experiencias mediante el arte entre sesión y sesión.

COMENTARIOS FINALES

La terapia de artes expresivas centradas en la persona, denominada conexión creativa, fue desarrollada por Natalie Rogers, quien se basa en los fundamentos esenciales del enfoque centrado en la persona de Carl Rogers para crear su método. Por lo tanto, se puede considerar una evolución, ampliación o línea de desarrollo de la terapia centrada en la persona.

La conexión creativa integra el arte como canal terapéutico, de autoconocimiento y de autoexpresión. Además, lo hace integrando las diversas formas de arte de un modo integrado y en secuencia. A nivel metodológico, un terapeuta de arte expresivo centrado en la persona busca implementar las actitudes básicas del ECP, que son la comprensión empática, congruencia y consideración positiva e incondicional, y propone o facilita medios artísticos para el trabajo terapéutico.

Uno de los grandes problemas de este método a nivel sudamericano es que la obra de Natalie Rogers no sé encuentra traducida al español. Por lo tanto, el acercamiento a la conexión creativa está reducida, tanto a nivel de literatura y de formación. Es decir, falta generar mayores espacios formativos, publicaciones e investigaciones para darle una mayor visibilidad y difusión.

La conexión creativa puede ser una herramienta valiosa tanto para facilitadores y terapeutas que quieran realizar arteterapia y también para quienes no buscar realizar arteterapia propiamente tal, pero quieren integrar las artes como un recurso más. En lo personal, trabajo de una forma dialógica la mayor parte del tiempo en terapia individual, integrando elementos de conexión creativa, particularmente en el trabajo con adolescentes, lo que ha sido muy valioso. También, en el trabajo con grupos, sea en espacios formativos, grupos terapéuticos o talleres grupales con distintas poblaciones, ha sido una experiencia que ha enriquecido mis intervenciones.

CAPÍTULO 7
Conociendo la entrevista motivacional y su desarrollo a partir del ECP: consideraciones y posibilidades

Andrea Pardo Bernini

INTRODUCCIÓN

Conocí la entrevista motivacional (EM) en una capacitación que tuve por mi desempeño como psicóloga en adicciones en el año 2013. Fue una experiencia interesante de formación en esta herramienta terapéutica y llamó mi atención la sintonía que tenía con el enfoque centrado en la persona de Carl Rogers, especialmente en el interés en este método por atender las necesidades del consultante con una escucha empática.

Al revisar bibliografía, evidencié que esta herramienta aparece en su primera publicación de 1983 en un artículo del autor William Miller y surge como reflexión de algunas investigaciones que este autor realizó con relación al tratamiento por consumo excesivo de alcohol. En su búsqueda por encontrar aquello que favorecía más el tratamiento para reducir el consumo de alcohol, fue investigando con terapias de distinto tipo, desde las más a las menos intensas, observando que no había mayores diferencias en la reducción del consumo (Miller, & Rollnick, 1999). Del mismo modo, comparó diferencias entre quienes tenían solo una sesión inicial y recibían una guía de autoayuda, y quienes con la misma problemática de consumo recibieron varias sesiones con un terapeuta. La respuesta fue que no hubo diferencias significativas en la reducción del consumo.

En este caminar, William Miller observó en sus investigaciones que la escucha reflexiva de los terapeutas que utilizaban una “empatía precisa” tenían un impacto significativo en las personas que están en tratamiento por adicciones, en comparación con quienes no se sentían escuchados ni comprendidos por sus terapeutas. A partir de estas reflexiones, emerge su primera publicación sobre esta nueva herramienta que llamó Entrevista Motivacional, en 1983 en una revista británica de psicología (Miller, 1983).

Al poco tiempo, sin esperarlo, este método de trabajo tuvo muy buena aceptación dentro del medio y con ello bastante demanda. Posteriormente, en Australia, Miller conoce a Stephen Rollnick quien estaba participando en una investigación de intervención breve en el Centro Nacional de Investigación sobre Drogas y Alcohol (Sidney). Éste le comentó que la EM estaba siendo muy demandada en la formación de terapeutas en Reino Unido. Del mismo modo, Miller notó que Rollnick, además de estar aplicando la EM con el mismo espíritu que estaba descrita, tenía muy buenas ideas al respecto. Es así como en 1991 decidieron escribir el primer libro de EM juntos.

Su primer libro, así como los posteriores tuvieron bastante éxito. Y ya a partir de la década del 2000 esta herramienta se empieza a extender a otros ámbitos de aplicación de salud y otros. Como prevención de VIH, otro tipo de adicciones, gestión de enfermedades crónicas, entre otras situaciones problemáticas que requieren un cambio de comportamiento.

Estos autores a medida que iban investigando experiencias fueron haciendo ajustes a la EM, dándole aún más relevancia a la construcción de relación terapéutica con los consultantes, que a la aplicación de una técnica práctica para el logro de objetivos. De allí profundizaron en el espíritu de este método y en características que le dan un sello diferente de otras herramientas o métodos orientados al cambio de comportamiento.

Respecto de sus autores, William Miller es un psicólogo clínico estadounidense destacado con doctorado. Profesor emérito de psicología y psiquiatría en la Universidad de Nuevo México. Ha sido galardonado con distintos premios, al mérito profesional de la Asociación Americana de psicología y a la innovación en la lucha contra el abuso de sustancias de la Fundación Robert Wood Johnson, entre muchos otros premios (Miller, & Rollnick, 2015). Y Stephen Rollnick, también psicólogo clínico destacado de la universidad de Cardiff (Reino Unido) con doctorado, profesor connotado de la comunicación en la atención sanitaria en la facultad de medicina en la misma universidad. Trabajó como psicólogo clínico en el ámbito de la atención mental y de la atención primaria durante muchos años, antes de centrarse en cómo aplicar la entrevista motivacional para mejorar las consultas complicadas en atención sanitaria y social. Su investigación y directrices para buenas prácticas se han publicado ampliamente y ambos doctores recibieron en conjunto el premio Engel de la Academia Americana de la Comunicación en la Atención Sanitaria (Miller & Rollnick, 2015).

Cuando me decidí a escribir este capítulo, mi interés ha sido poder explorar y desarrollar conexiones entre esta herramienta terapéutica con el enfoque centrado en la persona, y desde allí, dar cuenta de su aporte a este enfoque, tomando en consideración sus matices, respecto a la mirada clásica principalmente, y como la EM puede aportar a un terapeuta centrado en la persona en un tema complejo como son las adicciones y consumos problemáticos.

En el desarrollo del este capítulo, iremos conociendo este método con los ajustes que los autores fueron realizando en su última publicación (2015) y la sintonía que ha ido desarrollando con el enfoque centrado en la persona de Carl Rogers. Del mismo modo, se describirán aquellas diferencias que la distinguen de este enfoque. Finalmente, se concluye que la EM puede ser un aporte para personas que requieren hacer un cambio y para los terapeutas del enfoque centrado en la persona que les interese incorporarla.

ENTREVISTA MOTIVACIONAL

Entre quienes estudiamos para ser terapeutas suele estar presente el interés en facilitar y acompañar un proceso de cambio, el que generalmente es buscado por quien llega a nuestra consulta. Hay personas que cuando inician terapia, no tienen claridad, o no han descubierto el cambio que desean realizar. Por lo general, pueden llegar a la consulta con algún malestar que los abruma o les inquieta, y su mayor interés es lograr sentirse mejor de cómo se han estado sintiendo. En otros casos, como en las adicciones, especialmente cuando los clientes consultan por motivación propia, llegan con la claridad de hacer un cambio respecto al consumo de sustancias.

No obstante, hacer un cambio no es nada fácil. En mis experiencias realizando talleres relacionados con la EM, suelo hacer un ejercicio en donde les pido a las personas que se pongan de pie, que elijan una conducta personal que les gustaría cambiar y que cuando decidan cambiarla se sienten. Luego, les invito a imaginar que viene una científica experta en la conducta que eligieron y les expone que de acuerdo con sus investigaciones las personas que continúan manteniendo "esta conducta" tienen un 20% de riesgo de morir. Al escuchar esto, en todos los grupos de personas que he trabajado, siempre hay personas que se quedan de pie, es decir, que aun sabiendo esta información deciden mantener esta conducta. Incluso he llegado a plantear que la información de la científica señala que tienen un 80% de riesgo morir e igual, en ocasiones, hay personas que aun deciden no cambiarla. Lo interesante aquí sería identificar qué razones personales tuvieron esas personas para escoger esta conducta para un posible cambio, qué posibilidades tienen de lograrlo y qué recursos personales le ayudarían para poder realizarlo. En esto, la EM puede ser una herramienta muy efectiva y relevante de conocer.

Desde las primeras publicaciones de este método, los autores han ido presentando distintas definiciones respecto a qué es la Entrevista Motivacional (EM). Dentro de las últimas revisiones han dado a conocer tres definiciones, que la presentan desde diferentes ángulos.

Una primera definición está dirigida al público en general respondiendo a la pregunta ¿Para qué sirve? "La entrevista motivacional es un estilo de conversación colaborativo cuyo propósito es reforzar la motivación y el compromiso de la propia persona con el cambio" (Miller & Rollnick, 2015, p. 37).

Una segunda definición está enfocada en describir el espíritu o la actitud que subyace a la EM y que los autores consideran imprescindible para realizar una buena práctica de ella. Esta responde a la pregunta ¿por qué querría aprender a aplicarla y cómo la usaría? "La entrevista motivacional es un estilo terapéutico centrado en la persona que aborda el habitual problema de la ambivalencia al cambio" (Miller & Rollnick, 2015). Podríamos decir que el espíritu o la actitud de la EM desde su definición, ya conecta con el espíritu del enfoque centrado en la persona de Carl Rogers.

Una última definición, desde una mirada más amplia del propio método clínico, describe su nueva estructura conceptual y entrega una visión más técnica, respondiendo a la pregunta: ¿cómo funciona? "La entrevista motivacional es un estilo de comunicación colaborativo, orientado a objetivos y que presta especial atención al lenguaje de cambio. Está diseñada para reforzar la motivación personal y el compromiso con un objetivo concreto, suscitando y explorando los motivos que tiene la propia persona para cambiar, en una atmosfera de aceptación y de compasión" (Miller & Rollnick, 2015).

EL ESPÍRITU DE LA ENTREVISTA MOTIVACIONAL

Uno de los temas relevantes para considerar aplicar la EM es comprender su espíritu. Los autores lo refieren como la actitud mental y de corazón que hay detrás de ella. Si bien puede haber una tendencia de quienes quieren ser terapeutas y aportar en el cambio de otras personas, buscando encontrar la mejor técnica y la más efectiva para lograrlo, es importante comprender que detrás de un método hay una persona que lo aplica, que tiene creencias e intenciones que pueden afectar los resultados posibles (Miller & Rollnick, 2015).

En este sentido, de acuerdo con los autores, es necesario considerar la perspectiva (el espíritu) desde donde se practica la EM, ya que, si se utiliza sólo como una técnica, se convierte en una forma de intentar manipular a las personas e imponerles algo que no quieren hacer (Miller & Rollnick, 2015).

De acuerdo con esto, existen cuatro elementos fundamentales e interrelacionados que conforman este espíritu que son: colaboración, aceptación, compasión y evocación. Cada uno de ellos tiene un componente vivencial y uno relacionado con la acción. Por ejemplo, no es suficiente que el/a terapeuta sienta aceptación por la persona que consulta, sino también poder expresarlo con palabras, con expresiones no verbales, etc. (Miller & Rollnick, 2015).

Colaboración

No es algo que un experto le hace a un receptor pasivo o un profesor a un alumno, sino que se hace "para" y "con" la persona. Es una colaboración activa entre expertos. El método EM implica explorar más que incitar, e interés y apoyo más que persuasión y argumentación. En consecuencia, el objetivo es crear una atmósfera interpersonal positiva y de confianza que conduzca al cambio sin presionar (Miller & Rollnick, 2015). Este elemento es primordial, dado que el consultante tiene un conocimiento crucial que complementa el de la terapeuta, por lo tanto, activar ese conocimiento es una condición clave para que suceda el cambio que la persona busca.

En síntesis, el elemento de colaboración implica un respeto profundo hacia la otra persona. De esta manera, quien practica este método se transforma en testigo privilegiado del proceso de cambio que va experimentando el consultante. En consecuencia, esta herramienta no es un truco para hacer que las personas cambien; es un modo de activar su propia motivación y sus propios recursos para cambiar (Miller & Rollnick, 2015).

Aceptación

La aceptación implica el respeto del otro como ser humano, el no juzgar moral o valorativamente. Significa valorar a la persona por el hecho de ser un ser humano y por lo tanto, respetar el derecho de decidir cómo construir su propia vida. El terapeuta no busca amoldar al consultante a su marco de referencia. Aceptar no significa "aprobar", ya que también es una forma de juzgar, o evaluar al menos.

La aceptación implica, según los autores, reconocer el valor y el potencial inherente en cada ser humano. Al respecto, los autores se apoyan literalmente en Carl Rogers como referente, ya que lo citan para explicar que es "una aceptación del otro en tanto es persona autónoma, un respeto por el valor que tiene el otro por ser quien es. Es una confianza básica, la creencia de que la otra persona es fundamentalmente digna de confianza" (Rogers, 1980). En este sentido, los autores coinciden en que cuando las personas no se sienten aceptadas tal y como son, se paralizan y se bloquean para el cambio. Por el contrario, cuando perciben y se sienten aceptadas sin condiciones, se sentirán libres para cambiar.

La aceptación dentro de la EM implica la empatía precisa o el interés activo por entender la perspectiva interna de la persona, el esfuerzo por ver el mundo a través de sus ojos y la convicción de que vale la pena hacerlo. Busca, por tanto, comprender el mundo de significados privados e internos del consultante.

De la misma manera, los autores plantean que la aceptación también requiere la capacidad para honrar y respetar la autonomía del consultante, su derecho y capacidad irrevocable para tomar la dirección que le parezca mejor respecto a su vida y a sí mismo. Y, reforzándose una vez más en Rogers (1962), también creen que, dadas las condiciones terapéuticas básicas, las personas podrían crecer y desarrollarse en una dirección positiva y natural. Por lo tanto, esto implica desde nuestra labor como terapeutas reconocer explícitamente la libertad de acción del otro, lo que suele facilitar el cambio. Y del mismo modo, significa liberarse de la idea y la carga de que debemos hacer que las personas cambien, en otras palabras, renunciar a un poder que jamás hemos tenido.

Un último aspecto clave de la aceptación desde esta mirada, también implica la afirmación, es decir, buscar y reconocer las capacidades y los esfuerzos del otro. Que es opuesto a lo que solemos hacer en ocasiones como terapeutas, que es buscar lo que está mal en el otro, para evaluar cómo se puede arreglar (Miller & Rollnick, 2015).

Compasión

Aquí los autores no se refieren a una experiencia emocional personal del terapeuta como la identificación o conmiseración, sino más bien lo refieren como "promover activamente el bienestar del otro y dar prioridad a sus necesidades" (Miller & Rollnick, 2015). Es muy importante la consideración de los otros elementos, antes descritos, que caracterizan este espíritu o disposición de ayuda, ya que la definición de cuáles son las necesidades del otro vienen justamente del marco de referencia de la persona que estamos atendiendo, y desde allí nos convoca facilitar un espacio de confianza que nos permita construir un camino juntos.

Evocación

Con respecto a este término, se describe metafóricamente como "extraer el agua de un pozo". En este sentido, se parte de la premisa que "tienes lo que necesitas y juntos lo encontraremos". De acuerdo con esto, se asume que las personas son expertas en sí mismas, y que si hacen lo que deciden tienen un buen motivo para ello. Así también, si quieren realizar un cambio tienen sus razones o argumentos, que a veces no son tan evidentes, y nuestro trabajo es explorar y conectar con aquello que ya está allí, solo hay que hacerlo visible desde la vivencia del cliente. De la misma manera, los autores señalan que es muy importante explorar, visibilizar y los puntos fuertes de la persona, sus recursos, entenderlos bien y centrarse en ellos, más que indagar en lo que carecen (Miller & Rollnick, 2015).

¿CUÁL ES EL MÉTODO DE LA EM?

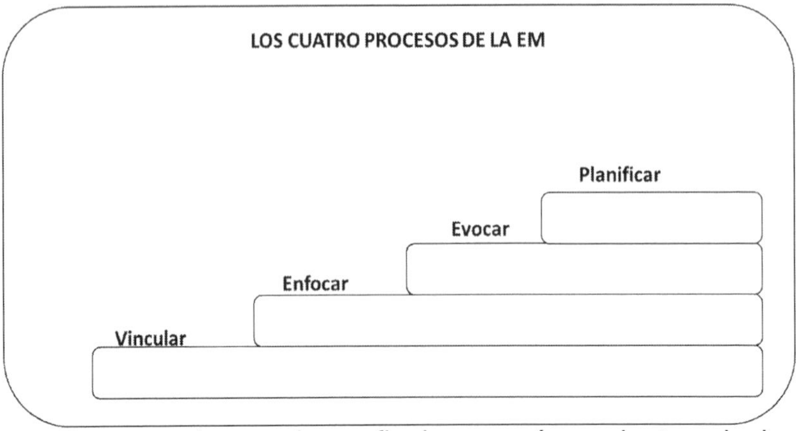

De acuerdo con las reflexiones más recientes de los autores Miller y Rollnick (2015), describen su método como un flujo de procesos que se solapan, se recurren y confluyen entre sí. Estos procesos son: vincular, enfocar, evocar y planificar, representándolos de la siguiente manera:

Vincular

Vincular es “el proceso por el que ambas partes establecen una conexión de ayuda y /o relación terapéutica” (Miller & Rollnick, 2015, p. 55). En ocasiones esto puede ocurrir en segundos o puede demorar semanas, depende de muchos factores. No obstante, el vínculo terapéutico es un requisito previo para todo lo que ha de seguir y esto es algo que los autores reconocen que no es exclusivo de la EM. Además, manifiestan que no se refiere a ser simpático y amable con el consultante, sino el proceso de desarrollar una relación de ayuda basada en la confianza y el respeto mutuos (Miller & Rollnick, 2015).

Enfocar

El proceso de enfocar supone que aquello que mueve al consultante a conversar con nosotros tiene un propósito concreto. En este sentido, para que el terapeuta sea un buen guía es necesario que sepa a dónde va, por lo tanto, el siguiente paso de la EM será ir aclarando la meta donde el consultante y terapeuta irán avanzando juntos.

Por ejemplo:

Entrevistador: Le han derivado al servicio para que hablemos de su consumo de alcohol, pero parece que hay otras cosas que también le preocupan y que, de hecho, son más prioritarias para usted. Ha explicado que quería reconciliarse con su esposa y volver a casa. Su hijo también está teniendo muchos problemas y que han influido en su relación con su mujer. Y al empezar le he comentado que necesito hacerle algunas preguntas estándar antes de terminar la sesión. ¿por dónde le gustaría comenzar?

Cliente: tengo que decidir si puedo pagar un abogado para que apoye a mi hijo. Está metido en un gran lío.

Entrevistador: Entonces cree que éste sea el tema más importante del que podríamos hablar hoy.

Cliente: No, probablemente no. A ver, lo tengo en la cabeza ahora, porque si no le doy dinero para el abogado, en cuanto lo vea empezará a gritarme e insultarme.

Entrevistador: Entonces es una de las cosas que le preocupa ahora, aunque es posible que haya otras cosas más importantes de las que hablar. ¿Le parece que hablemos de su consumo de alcohol, dado que es el motivo por el que le han derivado aquí?

Cliente: Bueno, no es tan malo como lo pintan..., aunque es cierto que a veces me meto en líos.

Entrevistador: Entonces ese es otro tema del que

podríamos hablar hoy.
Cliente: Sí
Entrevistador: ¿Algo más?
Cliente: Mi encargado no está nada contento conmigo en el trabajo. Me ha amonestado por llegar tarde y si pierdo este trabajo tendré problemas con mi agente de la condicional.
Entrevistador: Eso le preocupa también
Cliente: Sí
Entrevistador: Muy bien, pues hay varias cosas de las que podríamos hablar. Antes de las preguntas que tengo que hacerle, ¿por dónde le gustaría comenzar?
Cliente: Creo que por el tema del abogado de mi hijo. Me lo preguntará hoy.
Entrevistador: Perfecto empezaremos por ahí. ¿Le parece que después pasemos al tema de su consumo de alcohol?
Cliente: Sí
Entrevistador: Bien, iré controlando el tiempo y veremos si nos alcanza para tratar otro tema ¿le parece?
Cliente: Vale.

En ocasiones, la meta que se define al inicio con el consultante cambia, cuando se va considerando las circunstancias que está viviendo y sus prioridades. Por ello, es un proceso continuo de ir explorando y ver si están transitando por el rumbo adecuado o si hay que ir cambiando.

Por otro lado, a veces el terapeuta puede tener sus propios objetivos desde su mirada profesional; no obstante, éstos no necesariamente van a coincidir con los que trae el cliente. De esta manera como señalan Miller & Rollnick (2015) el proceso de enfocar ayudará a aclarar la dirección hacia donde irá este camino que están recorriendo.

Evocar

Con la definición de algún objetivo que se ha enfocado, el proceso de evocar permite sacar a la superficie las motivaciones que trae el consultante para generar el cambio que quiere. Se trabaja con las emociones e ideas de por qué y cómo quiere hacerlo. Por lo tanto, es completamente contrario a la relación experto – paciente, en donde se realiza un diagnóstico para ver cuál es el problema determinando, la solución y el camino para ello. En otras palabras, evocar consiste en ayudar a que la persona identifique y enuncie sus razones para cambiar y desde allí active la motivación que lo llevará a la acción (Miller & Rollnick, 2015).

Planificar

Cuando la motivación empieza a ser más evidente y concreta, el consultante comienza a hablar más del cuándo y el cómo cambiar. En este momento, comienza a requerir información, por lo tanto, procede a planificar. En este sentido, Miller & Rollnick (2015) señalan que el proceso de planificar es "el embrague que pone en marcha el motor del cambio", y abarca, tanto el desarrollo del compromiso para el cambio, como formular un plan de acción específico. Aquí los procesos y habilidades anteriores se mantienen activos mientras se encuentra y define el plan de cambio concreto, que sea aceptable para la persona atendida. Asimismo, es posible que a través del tiempo de ejecución de la planificación sea necesaria la reevaluación de ésta, y realizar los ajustes convenientes a medida que el cambio avanza.

HABILIDADES PARA PONER EN PRÁCTICA LA EM

Por último, dentro de la puesta en práctica se utilizan habilidades fundamentales que permiten desarrollar una conversación acorde con su espíritu, características y con los procesos que busca llevar adelante. Estas habilidades son: las preguntas abiertas, y distintos tipos de reflejos como la afirmación y resúmenes.

Respecto a las preguntas abiertas, son aquellas que invitan a la persona a reflexionar y a elaborar sus respuestas. En este sentido, de acuerdo con los autores (Miller & Rollnick, 2015) la función principal de las preguntas no es recopilar información, sino más bien ayudar al entrevistador a entender el marco de referencia interno del consultante, a reforzar la relación de colaboración y a encontrar una dirección clara. Así también sirven para evocar motivaciones del cliente y planificar el progreso hacia el cambio.

Por otro lado, se encuentran las afirmaciones como otra habilidad que consiste en identificar y reconocer todo lo positivo incluido el valor inherente del consultante en tanto persona. También, es ofrecer aliento o apoyo, desde una aceptación incondicional y positiva de la persona tal cual es. Esta habilidad puede tener varias funciones importantes en la relación de ayuda, entre ellas, fomenta el vínculo, porque la positividad es recíproca ya que es más probable que una persona pase tiempo, confíe, escuche y se muestre abierto ante personas que reconozcan y afirmen sus puntos fuertes (Linehan et al 2002 en Miller & Rollnick, 2015). Asimismo, puede reducir la actitud defensiva del consultante frente a información que pueda ser una amenaza para su autoimagen, En cambio, reafirmar la autonomía y/o los recursos, disminuye la sensación de amenaza a su integridad personal (Steel, 1988, en Miller & Rollnick, 2015). Y de manera inversa, puede propiciar la apertura a conversar sobre temas que puedan ser amenazantes para el consultante. En consecuencia, el afirmar puede facilitar el proceso de cambio.

Por su parte, los reflejos dan lugar a la escucha reflexiva cuya función es ayudar a la comprensión del terapeuta con relación a lo que recibe del cliente. Del mismo modo, permite que el cliente escuche nuevamente las ideas y las emociones que va expresando, quizás en otras palabras y vuelva a reflexionar sobre ellas, promoviendo que siga explorando y profundizando. También, según Miller y Rollnick (2015), los reflejos tienen que ser necesariamente selectivos. En este sentido, es el terapeuta quien decide qué reflejar y qué no (de todo lo que diga el entrevistado), reforzando aquello que vaya en dirección al cambio que el cliente desea lograr.

Uno de los reflejos que destacan los autores en el desarrollo de la EM es el reflejo sumario o resumen. Este consiste en recoger varios de los temas o puntos que el entrevistado dice, para luego devolvérselo en una síntesis. Esto puede ser utilizado al final de una sesión o para relacionar material de sesiones anteriores con la sesión actual, entre otras. Esta habilidad favorece la comprensión y demuestra al entrevistado que le hemos escuchado atentamente, que recordamos y valoramos lo que ha dicho. También, es la oportunidad de que agregue algo más, si fuera necesario, y durante el proceso de evocación debe incluir aquello que permita generar un discurso de cambio.

Con todo, el método de la EM no pretende ser un modelo de cambio completo ni un sistema de tratamiento que lo abarque todo. Según sus autores, se concibe como una herramienta clínica que se utiliza con un propósito concreto: ayudar a las personas a superar *la ambivalencia hacia el cambio*: se dieron cuenta que luego de que las personas pasaban por el proceso de evocar y planificar, generalmente podían avanzar hacia el cambio por si solas. Es decir, la mayor dificultad residía en decidirse a hacer el cambio. En este sentido, sus autores refieren que la EM también encaja con otros enfoques de tratamiento que buscan facilitar la adherencia a este.

ENTREVISTA MOTIVACIONAL Y ECP

Puntos de encuentro

Quienes conocemos el enfoque centrado en la persona de Rogers (ECP), podemos ir identificando bastante sintonía entre el ECP y la EM. Primero, la visión que tienen los autores del ser humano y la relación terapéutica: ambas miradas visualizan a la persona como alguien que cuenta con la capacidad y potencialidad necesaria para su propio desarrollo y es libre de elegir el camino para ello (López, 2020).

De la misma manera, en la descripción del "espíritu" de la EM queda evidenciado un punto de encuentro con el ECP, especialmente cuando hablan de los elementos fundamentales de colaboración y evocación. Al respecto, describen la importancia de reconocer que el cliente tiene un conocimiento crucial que complementa al de la terapeuta y, por lo tanto, activarlo es una condición clave para que suceda el cambio. En consecuencia, este método implica explorar más que incitar, interés y apoyo más que persuasión y argumentación. En otras palabras, el objetivo es crear una atmósfera interpersonal positiva y de confianza que conduzca al cambio sin presionar, lo que implica un respeto profundo hacia la otra persona (esto también se describe en el capítulo 1, con relación a los planteamientos de Rogers sobre la no directividad y las actitudes básicas).

Esto último, da cuenta de un tercer aspecto referido a la relación terapéutica, ya que para crear una atmosfera interpersonal positiva y de confianza es necesaria la presencia de ciertas condiciones. De acuerdo con esto, el ECP habla de las actitudes del terapeuta, manifestando que el cambio se facilita cuando éste experimenta en forma genuina una actitud cálida, positiva y benigna hacia lo que existe dentro del cliente; cuando el terapeuta se preocupa por el cliente, pero no de una manera posesiva, sino que lo aprecia de forma total e incondicional, manifestando un sentimiento positivo sin reservas o evaluaciones (Rogers y Stevens, 1980). Del mismo modo, la EM valora la existencia de una disposición o actitud en el entrevistador (o terapeuta) que permita crear una atmosfera positiva, de confianza y de respeto profundo al ser humano, descrito en la idea del "espíritu" que caracteriza este método (también similar a lo revisado en el capítulo 1). Existe un cuarto aspecto dentro de esta idea de generar un espacio de confianza y de valorar al ser humano: los autores de la EM describen a la aceptación como otro elemento fundamental que caracteriza el espíritu de esta herramienta.

Respecto a la aceptación, entendemos que las personas cuando no se sienten aceptadas tal y como son, se paralizan y se bloquean para el cambio, por el contrario, cuando perciben y se consideran aceptadas sin condiciones se sienten libres para cambiar (Miller & Rollnick, 2015). En este mismo sentido, aparece el concepto de compasión dentro de los elementos fundamentales del espíritu de la EM, que alude a promover activamente el bienestar del otro y dar prioridad a sus necesidades. Si bien, este no es un concepto nombrado por Rogers, sí está en sintonía con las actitudes básicas que él propone para el terapeuta. (descritas en el capítulo 1).

Otro punto de encuentro en esta misma línea es que los autores de la EM también conciben la creencia de que dadas las condiciones terapéuticas esenciales, las personas podrían crecer y desarrollarse en una dirección positiva y natural. Lo que se asemeja al concepto desarrollado por Rogers de la tendencia actualizante, término que describe una tendencia natural de los organismos vivos hacia el crecimiento, adaptación y desarrollo de sus capacidades (Rogers, 1959).

Un último aspecto que también mantiene una sintonía entre la EM y el ECP son las habilidades que utilizan para llevarla a cabo. En ambas, se utilizan habilidades como: preguntas abiertas, reflejos (que dan cuenta de escucha reflexiva y empatía), afirmaciones y resúmenes. En conjunto, buscan ayudar al entrevistador o terapeuta a fortalecer el vínculo de la relación, entender el marco de referencia interno del consultante y a reforzar la relación de colaboración en un contexto de confianza y valoración.

Matices y/o diferencias

Al respecto, en cuanto a la descripción del método, la EM desarrolla una estructura dinámica y bien definida, que muestra una leve diferencia con la terapia clásica centrada en la persona: la EM considera importante desarrollar cierta directividad en cuanto al proceso del cliente, aunque mantiene una idea de no directividad en cuanto al contenido (ver en el capítulo 1). Luego, el desarrollo de cada paso supone mantener un proceso en donde se construye una relación de ayuda que favorece y se orienta hacia la autonomía del consultante. Esto se ve descrito en cada etapa del método (vincular, enfocar, evocar y planificar). Por lo tanto, mantiene la esencia de su espíritu y con ello acompaña el proceso de cambio que busca el consultante.

En la misma línea, en la EM, el terapeuta o entrevistador está permanentemente enfocado en un propósito concreto, que es avanzar hacia el cambio, y selecciona sus respuestas buscando rescatar estos aspectos particularmente; en cambio, en una versión más clásica de la terapia centrada en la persona, el terapeuta responde a la experiencia completa de quien consulta, incluyendo todas sus "partes". En consecuencia, tal como se describe en el proceso de enfocar y planificar, el entrevistador va identificando en conjunto con el cliente cuál es el cambio que desea lograr, sus motivaciones, los pasos que quiere ir dando, los plazos, los recursos personales con los que cuenta, los posibles obstáculos, los desafíos y los compromisos personales que desea adquirir. En este mismo sentido, otra diferencia identificada entre la EM y el ECP, es que, ante una ambivalencia del consultante al cambio, el terapeuta podrá ir fomentando la confianza en sus fortalezas y recursos personales para tomar acción en ello (Miller & Rollnick, 2015). Esto vuelve a reforzar la tendencia a ser directivo en el proceso de la persona durante la EM, aunque no en el contenido ya que es la consultante quien va entregando sus intereses, temas y disposición al cambio que quiere.

COMENTARIOS FINALES

Cuando conocí por primera vez la entrevista motivacional, era presentada como una fórmula exitosa para lograr un cambio en las personas con problemas de adicciones. Se describía, desde sus relatores, como una técnica que busca en la conversación, descubrir el lenguaje de cambio presente en el discurso del consultante y con ello resolver su ambivalencia para así guiarle a dar los pasos necesarios en esa dirección. En ese momento, no fue tan interesante para mí porque, al hacer más énfasis en las habilidades y pasos que en las características del espíritu de este método, lo recibí como algo muy mecánico y un poco frío o distante de las personas que se atienden. No obstante, en la medida que me fui interiorizando de lo descrito por sus autores (especialmente en la última edición de su libro), logré visualizar la sintonía que tiene especialmente con las actitudes de un terapeuta con formación en el enfoque centrado en la persona y en la visión respetuosa que tienen del ser humano.

También, me interesó esta mirada de acompañar el proceso terapéutico de alguien, considerando las mismas creencias en el ser humano que plantea Rogers y que a mí me han hecho tanto sentido a través de mi experiencia como psicoterapeuta. Como la autonomía, la valía del ser humano en tanto su existencia y la expertise que tienen las personas en su experiencia.

Del mismo modo, llamó mi atención esta cierta directividad, que plantea una manera de acompañar el proceso, pero sin interferir en el contenido que trae la cliente, entendiéndola como algo muy conectado con la persona que consulta, con lo que quiere, con lo que sabe y con los pasos que está dispuesta a dar, sin dejar de considerar en todo momento las características necesarias o "el espíritu" de esta herramienta. Es decir, nos da una participación como terapeutas, presentes, atentos a colaborar en el proceso de cambio que busca la persona.

En consecuencia, creo importante que las profesionales que aplican este modelo de conversación en sus atenciones consideren la posibilidad de formarse en el enfoque centrado en la persona; pues, sin duda, puede enriquecer y potenciar la realización de una entrevista motivacional con mejor desarrollo desde el espíritu de ésta. De hecho, es el mismo Wlliam Miller (2014) quien señala que la EM está arraigada en el ECP, y que la considera una evolución del enfoque centrado en la persona, igual que el focusing de Gendlin, por ejemplo.

Del mismo modo, a quienes estén formados en el ECP, aprender el método de la EM puede ser muy útil como herramienta dentro de la psicoterapia, especialmente en consultantes que buscan desarrollar un cambio específico, y que a la vez tienen ambivalencia respecto a esta búsqueda, como dejar de consumir una sustancia psicoactiva (en las adicciones y/o consumos problemáticos) o buscar adherencia a tratamientos de salud física como: obesidad, VIH/SIDA, diabetes, entre otras. Sin dejar de reforzar que también requieren de una mirada interdisciplinaria.

Así, para quienes nos interesa el ECP, es posible visualizar que, incorporar elementos de la EM ayudará a favorecer el proceso de crecimiento, auto-dirección y desarrollo de las potencialidades de las personas, particularmente cuando trabajamos con clientes que llegan con gran ambivalencia al inicio del proceso. Esto sin dejar mantener las condiciones necesarias y suficientes para el cambio terapéutico definidas por Rogers (1957) que caracterizan a la psicología humanista y particularmente a la psicoterapia centrada en la persona, ya que como señala Miller (2014) las actitudes básicas del ECP son el espíritu de la EM. En algunos países de Europa, la EM se considera parte de las terapias centradas en la persona, tal como el focusing, las artes expresivas, las ideas fenomenológicas existenciales, la terapia de juego, pre-terapia, entre otras.

También, cabe aclarar que quienes incorporen la EM de forma aislada, o sólo a un nivel técnico, generalmente será incluida en el enfoque de base del terapeuta, y en este sentido no estaría en una perspectiva centrada en la persona. En cambio, un terapeuta centrado en la persona que integre EM o algunos aspectos de ella mantiene una coherencia con este enfoque, y su trabajo sigue siendo centrado en la persona.

CAPITULO 8

Fragilidad relacional y experiencial en los trastornos de personalidad: una aproximación centrada en la persona

Luis Robles Campos

INTRODUCCIÓN

Tradicionalmente, se ha considerado que el enfoque terapéutico centrado en la persona tiene una mínima o nula relevancia en la conceptualización y el tratamiento de las condiciones de psicopatología severa, como es el caso de los llamados "trastornos de personalidad". Esto se debe a varias razones y dificultades. Para empezar, el enfoque centrado en la persona no opera bajo el modelo médico tradicional, ni suele usar el lenguaje de la psiquiatría, por lo tanto, no considera necesario el diagnóstico categorial, ni la implementación de tratamientos específicos para cada supuesto trastorno (Bozarth, 2000; Purton, 2004, Schmid, 2004, Sommersbeck, 2003). Esto ha producido que las propuestas del enfoque centrado en la persona hayan sido reiteradamente excluidas del entrenamiento y de los manuales relativos al conocimiento psicopatológico (Joseph & Worsley, 2005). Por otra parte, la bibliografía centrada en la persona acerca del abordaje de la psicopatología severa efectivamente fue escasa, o al menos no específica, durante mucho tiempo.

No obstante, en las últimas décadas ha existido una mayor conciencia acerca de estas dificultades, y un creciente interés en desarrollar y exponer las posibilidades de este enfoque para el tratamiento de la psicopatología más compleja. Por lo tanto, la nueva bibliografía del enfoque, en relación a este tema, ha incorporado de una manera estratégica y flexible el lenguaje de la psiquiatría, con el fin de establecer contacto con una audiencia mayor. De hecho, ya se encuentran disponibles una serie de ediciones que compilan conocimiento antes disperso, del enfoque centrado en la persona, sobre el abordaje de lo psicopatológico. (Greenberg, Watson & Lietaer, 1998; Joseph & Worsley, 2005; Worsley & Joseph, 2007).

Más específicamente, respecto de la comprensión y tratamiento de los trastornos de personalidad, diversos han sido los autores centrados en la persona que han expuesto sus aportes (Bohart, 1990; Eckert & Biermann-Ratjen 1998; Eckert & Wuchner, 1996; Fujinaka, 2000; Grindler, 1982, Haas, 1981; Lambers, 2003; Quinn, 2011; Santen, 1988; Swildens, 1990, Proctor, 2004a,b, 2007; Vanaerschot, 2004; van Blarikom, 2008). Sin embargo, uno de los trabajos más destacados sobre el tema es el realizado por la norteamericana Margaret Warner (1991, 1998, 2000, 2001, 2008, 2013), quien se focaliza en comprender el tipo de contacto relacional y el tipo de procesamiento experiencial que suelen tener característicamente, o de manera recurrente, las personas que son diagnosticadas con trastornos de personalidad; llamando a este tipo de experiencia "proceso frágil".

El presente artículo busca no sólo introducir el entendimiento del proceso frágil, principalmente desde las ideas originales de Warner, sino que también desarrollar su comprensión haciendo una distinción entre las dimensiones relacionales y experienciales del mismo. El análisis busca exponer fenómenos relevantes de este tipo de proceso para futuras reflexiones acerca de su abordaje desde un enfoque centrado en la persona.

CONCEPTO DE PROCESO FRÁGIL

El concepto de "proceso frágil" (Warner, 1991) hace referencia al tipo de vivencia relacional y experiencial que suelen tener aquellos clientes cuyas experiencias resultan marcadamente monótonas, problemáticas o agobiantes para ellos mismos y/o para otras personas; vivencia que tradicionalmente se diagnostica como "trastornos de personalidad"; y la cual resulta difícil de trabajar en formatos estándares de psicoterapia.

El proceso frágil constituye esencialmente una precariedad del procesamiento experiencial complejo u óptimo (Gendlin, 1964, 1968; Rice, 1974; Wexler, 1974). Su característica esencial es la dificultad para mantener el foco de atención en las experiencias personales relevantes, de manera aceptante y por el tiempo suficiente para desplegar un significado novedoso y adaptativo que le permita al cliente equilibrar su vivencia de manera significativa (Warner, 1991, 1998, 2000, 2008; Vanaerschot, 2004).

Otras características centrales del proceso frágil son que la persona presenta: 1) tendencia a experimentar asuntos personales significativos a muy altos o muy bajos niveles de intensidad, 2) dificultad para modular por sus propios medios aquellos extremos niveles de intensidad, 3) problemas para iniciar o detener la conexión emocional con aquellas experiencias, 4) altos niveles de duda, autocrítica o una total falta de asertividad acerca de la validez de su propia experiencia, 5) dificultad o incapacidad para tomar el punto de vista de otras personas mientras están en medio de este proceso, y 6) dificultad para obtener respuestas de aceptación y comprensión desde las personas de su entorno principalmente cuando lo están experimentando (Warner, 1991).

Ya que estas habilidades del llamado procesamiento experiencial y relacional complejo se encuentran ausentes o precarias en personas con un recurrente proceso frágil, su capacidad de desarrollar un concepto integrado y coherente de sí mismo y de los otros se encuentra sustancialmente comprometido, puesto que son justamente estas habilidades las que constituyen la base esencial o las precursoras para desarrollar una identidad integrada y estable (Warner, 1991, Vanaerschot, 2004). Debido a esto, el sentido de identidad que se desarrolla es también frágil, no reflexivo, contradictorio, inestable o aparentemente estable pero con aspectos severamente escindidos (Santen, 1988). Por supuesto, esta falta de integración y estabilidad en el sentido de identidad tiene un impacto altamente significativo en cómo los sujetos experimentan su ser-en-el-mundo.

Warner (1991, 2008) observa que, debido a todas estas características que implican problemas en el contacto con los otros y con los propios sentimientos, los clientes que experimentan el proceso frágil de manera recurrente, tienen dificultades para trabajar con modelos de psicoterapia altamente estructurados, donde se les proponen instrucciones de cambio conductual, interpretaciones de su experiencia o confrontaciones acerca de sus actitudes; ya que este tipo de aproximación caracterizada por altos niveles de directividad por parte del terapeuta, tienden a distanciar a los clientes de su experiencia sentida y con potencial para el cambio, intensifican sus síntomas, hace que los consultantes se sientan incomprendidos y cuestionados, y crean rupturas en la alianza terapéutica.

Por lo tanto, la autora (Warner, 1991, 1998, 2000, 2001a, 2008) propone que un estilo de trabajo centrado en la persona es altamente eficaz con estos clientes, ya que les permite tener suficiente control sobre el contenido, el estilo y la velocidad del proceso terapéutico; señalando que la respuesta empática característica de este estilo terapéutico, es casi el único tipo de respuesta que estos clientes pueden tolerar, y de la cual pueden obtener beneficios, sin sentirse invalidados, ya que presentan una alta tendencia a sentirse incomprendidos, criticados o rechazados; indicando además que ésta contribuye a que los clientes disminuyan su sensación de soledad existencial, puedan tolerar experiencias difíciles con menos ansiedad, y permanezcan conectados con su propia experiencia, entendiendo que esta es una sus principales dificultades.

Cabe destacar que el concepto de proceso frágil en ningún caso constituye una especie de diagnóstico categorial (Warner, 1991; van Blarikom, 2008), sino que más bien constituye "una manera alternativa de pensar acerca de clientes que han sido tradicionalmente diagnosticados con trastornos severos" (Warner, 2013; pp.343); una referencia al tipo de proceso que la persona puede experimentar en un momento determinado y en una intensidad variable, por ejemplo, para algunos asuntos de su vida pero no para otros.

> Estos clientes tienden a ser etiquetados con diagnósticos serios y estigmatizadores (como trastorno de personalidad limítrofe o narcisista...). Mientras estas categorías pueden tener alguna validez descriptiva, a menudo sobre-simplifican y distorsionan la situación actual del cliente. Los clientes son diagnosticados como si tuvieran un solo trastorno, cuando los estilos de procesamiento difíciles pueden existir entre sí en variadas combinaciones (Warner, 2001a, pp.183).

DIMENSIONES DEL PROCESO FRÁGIL

El procesamiento frágil es un modelo para comprender la "extrema sensibilidad afectiva y relacional" (Warner, 2000, p.144). Y se señala que el proceso frágil constituye una "manera problemática de experienciar y relacionarse" (Vanaerschot, 2004, p.112). Esto hace pensar que es posible examinar los fenómenos de los procesos frágiles dividiéndolos en dos dimensiones: 1) la fragilidad relacional y 2) la fragilidad experiencial. Esto es altamente relevante para la práctica clínica, pues facilita una comprensión del tipo de contacto relacional que debe brindar el terapeuta en interacciones complejas, pero también acerca del tipo de respuesta terapéutica que debe ofrecerse al cliente cuando se detectan maneras deficientes de experienciar.

Fragilidad Relacional

Los clientes que suelen presentar procesos frágiles parecieran dudar o temer que sus experiencias o ellos mismos tengan derecho a existir (Warner, 1991; Vanaerschot; 2004). Por esta razón, su manera de hacer contacto y de relacionarse con los otros está altamente comprometida. Las relaciones mismas "son experimentadas como un esfuerzo para conservar la vida interna" (Vanaerschot, 2004, p.113), y cualquier dificultad en el ámbito relacional puede ser vista como una amenaza para la propia experiencia y para su sentido de valía personal.

En la cotidianidad, esta "fragilidad relacional" puede detectarse en la dificultad para establecer relaciones, o para experimentar como satisfactorias las relaciones ya establecidas, o también en la tendencia a participar en relaciones inestables y hasta destructivas; lo cual puede apreciarse tanto a nivel personal, laboral, como social. En el ámbito terapéutico, la fragilidad relacional se hará evidente en las dificultades de los clientes para establecer una alianza terapéutica, para mantenerse en tratamiento, o para relacionarse con el terapeuta de una manera congruente, y también en una marcada necesidad de comprensión que no necesariamente incluye la disposición a comprender a otros. Según esto, los clientes pueden experimentar una alta sensibilidad y defensividad a todo lo que sea percibido o interpretado como distancia emocional, hipocresía, crítica, abandono, o confrontación. Y esto puede extenderse, incluso, a las intenciones de ayuda o las expresiones de afecto que otras personas tienen hacia ellos.

Típicamente, los clientes que evidencian fragilidad relacional necesitarán largos períodos de comprensión del terapeuta (que se pueden extender a meses o años), en los cuales no será tan evidente su motivación a comprenderse a ellos mismos. También, les será difícil tomar puntos de vista flexibles acerca de sus experiencias, o tomar puntos de vistas alternativos desde otras personas, y en algunos casos tampoco tolerarán sus propios puntos de vista que hayan declarado con anterioridad cuando se los recuerdan otras personas. Todo lo anterior se produce debido a que los clientes que atraviesan un proceso frágil pueden experimentar cualquier intención de modificación sobre sus puntos de vistas como un intento de invalidar o aniquilar sus experiencias. (Warner, 1991; Vanaerschot, 2004).

Es posible que los clientes con una relacionabilidad frágil tengan dificultades para "decodificar" el estado afectivo o las intenciones de otras personas. Debido a esto, pueden interpretar que el terapeuta está aburrido o molesto con ellos cuando en realidad no lo está. Las más pequeñas variaciones del contacto psicológico pleno (Warner, 2002), como por ejemplo, un bostezo o una distracción del terapeuta puede implicar una pérdida del foco experiencial, o ser vivenciada con frustración o incluso con rabia.

En períodos en que los terapeutas parecen altamente sintonizados y aceptantes hacia el proceso frágil de sus clientes, es probable que éstos tiendan a idealizarlos (Warner, 1991; Vanaerschot, 2004). Por otro lado, en momentos en que los clientes tengan temor de volverse dependientes de sus terapeutas, o cuando se sientan abandonados o criticados por ellos, es probable que los clientes se vuelvan devaluadores. También, es posible que los clientes alternen entre una actitud idealizante y devaluadora hacia sus terapeutas, ante pequeñas variaciones en las actitudes aceptantes, empáticas y congruentes del terapeuta. Por lo tanto, la aceptación y la tolerancia de los terapeutas serán puestas a prueba de diversas formas, antes que los clientes experimenten como segura la relación (Van Blarikom, 2008).

Fragilidad Experiencial

Los diversos fenómenos de la "fragilidad experiencial" se desprenden de la característica esencial del proceso frágil, la dificultad de sostener las experiencias en foco, de manera aceptante y por el tiempo suficientes para procesarla (Warner, 1991, 1998, 2000, 2001; Vanaerschot, 2004).

Uno de los rasgos comunes de la fragilidad experiencial es la dificultad para focalizarse en la experiencia que ocurre en el aquí y el ahora, lo que lleva a los clientes a perderse en detalles circunstanciales, en la referencia de síntomas, en charlas racionalizadas, o en la descripción de sentimientos que han experimentado en otros momentos. También es común que los clientes tengan dificultad para identificar la fuente sentida de la experiencia, aunque se les asista en ello. La referencia corporal de la experiencia puede ser sistemáticamente ignorada o evadida como fuente de respuestas congruentes.

Una vez que han identificado la experiencia en curso, aparte de no poder mantenerla en foco, los clientes pueden presentar dificultad para atenderla de una manera afectiva (con auto-aceptación y con auto-empatía). También presentarán dificultad para simbolizarla dinámicamente. Por lo tanto, tal simbolización puede apreciarse como escueta, repetitiva, muy lenta o impresionantemente contradictoria. Y a veces, no sólo será contradictoria la descripción de sentimientos hacia un tema, sino que la charla en su totalidad será sumamente confusa, desorganizada o caótica.

En ocasiones, la fragilidad experiencial se manifestará, aun cuando los clientes logren sostener sus experiencias en el foco de atención, al dudar sobre lo que están experienciando o al vivenciar altos niveles de auto-crítica hacia cualquier cosa que estén sintiendo.

Las funciones meta-atencionales también se verán disminuidas, por ejemplo, cuando los clientes detecten un sentimiento pero no sepan cómo reaccionar, o qué sienten o piensan acerca de él. Funciones meta-cognitivas como integrar diversas imágenes del sí mismo en un solo auto-concepto o integrar diversas experiencias claramente relacionadas, también estarán comprometidas. La expresión de los clientes, por lo tanto, se focalizará en asuntos muy concretos, extrañándose mayores niveles de abstracción y reflexión.

Si el cliente mejora sus capacidades experienciales, todavía puede encontrarse con que las experiencias son difíciles de procesar y pueden necesitar incluso de muchas sesiones para digerir sus experiencias significativas. Habrá ocasiones en que experimentarán severos bloqueos o hasta disociaciones. En momentos, la experienciación será productiva, pero aún en estos casos, los clientes pueden quedar en un estado de alta vulnerabilidad que los dejará movilizados y pensativos durante horas o días.

Muchas de estas dificultades aparecerán a pesar de que la respuesta empática sea lo mejor que puede brindar el terapeuta, aunque esto tenderá a mejorar con el tiempo. En general, puede apreciarse un bajo nivel de experiencing, con tendencia a experimentar sus asuntos a muy bajo o muy altos niveles de intensidad.

INTENSIDADES DEL PROCESO FRÁGIL

Warner (1991) distingue diversas "intensidades" en la ocurrencia del proceso frágil. Esto se refiere, a que los clientes pueden sentir mucho y de manera agobiante, o bien sentir muy poco y de manera monótona. Estas intensidades son descritas como "proceso frágil de baja intensidad" y "proceso frágil de alta intensidad", y pueden darse de manera alternada en una misma persona, o incluso de manera súbitamente cambiante durante una misma sesión.

Proceso frágil de baja intensidad

Un proceso frágil de baja intensidad se produce cuando los clientes tienden a experimentar asuntos personalmente significativos a muy bajos niveles de conexión emocional. Durante este proceso, los clientes tienen mucha dificultad para iniciar un contacto significativo con la experiencia auténtica. Esto se aprecia particularmente cuando la persona no sabe sobre qué hablar durante la sesión, cuando parecen estar sintiendo pero muy poco, cuando dudan permanentemente sobre lo que están experimentando, cuando pierden fácilmente el contacto con su sentir o cuando necesitan otro largo tiempo de charla, que incluso puede llevar varias sesiones, para realizar una conexión emocional significativa.

Generalmente, los clientes que están en medio de un proceso frágil de baja intensidad tienden a perderse en una charla circunstancial, racionalizaciones o en conversaciones francamente intelectualizadas, explicando un montón de detalles sobre sus situaciones sin llegar a citar cómo éstas les tocan personalmente, e invocando habitualmente a autoridades externas (otras personas, libros, etc.) para justificar o validar sus apreciaciones.

Durante este proceso, los clientes muchas veces tendrán dificultades para enfocar o incluso reconocer el referente sentido de la experiencia, incluso cuando el terapeuta les haga invitaciones explícitas de atenderlo para no continuar perdidos en discusiones muertas. Si llegan a reconocerlo y mantenerlo en contacto, podrán experimentar dudas o franca desconfianza acerca de la cualidad de la experiencia. A veces, darán señales de experienciación auténtica para luego dudar profundamente acerca de lo que han precisado. En tales ocasiones, no es extraño que soliciten la opinión del terapeuta para que éste les señale desde su supuesta perspectiva de "experto" una evaluación acerca de lo que está mal o bien en su experiencia.

Puede que los clientes en medio de un proceso frágil de baja intensidad realicen un discurso que conceptualmente hace referencia a muchos sentimientos, pero que vivencialmente carece de una vibra emocional que pueda ser fácilmente perceptible por el terapeuta.

Proceso frágil de alta intensidad

El proceso frágil de alta intensidad, por el contrario, se produce cuando el cliente da señales, verbalmente o no, de que su sentir está resultándole demasiado tensionante o abrumador. En estos casos, por lo general, las personas no tienen problemas para identificar y plantear los asuntos que les están angustiando y, aunque no lo tengan del todo claro, su referencia emocional es inmediata. Por lo tanto, no dudan en decir que están "al límite", "enfurecidos", "terriblemente asustados", etc. En este caso, la dificultad habitual que presenta la persona es no poder regular la intensidad abrumadora de la experiencia para poder atenderla por completo. La persona no logra transformar la cualidad agobiante y repetitiva de la emoción en un dato sentido que constituya fuente de posibles nuevas significaciones.

Es posible que las personas que están en medio de un proceso de alta intensidad tengan actitudes críticas o abiertamente hostiles hacia sus sentimientos o hacia toda su persona: "¡Odio este sentimiento, porque siempre tengo que ser tan imbécil!". Es muy común que las personas con un sentir intenso tiendan a sentir reticencia de atender y hablar directamente de un sentimiento abrumador por miedo a verse superado por tal experiencia o por temor a no poder detener el curso de tal sentimiento, incluso ya habiendo salido de la sesión. En tales ocasiones, se puede dar el caso de clientes que soliciten terminar la sesión o que incluso intenten abandonarla súbitamente.

OTROS PROCESOS COMPLEJOS RELACIONADOS AL PROCESO FRÁGIL

Diversos autores señalan que pueden darse otros tipos de procesos relacionales y experienciales que acompañan o complejizan el proceso frágil (Mearns, 2003; Santen, 1998; Warner, 1998, 2000, 2001a, 2008; Vanaerschot, 2004), los cuales se describen brevemente a continuación.

Procesos disociativos

Los proceso disociativos suelen aparecer de manera concomitante al proceso frágil (Warner, 1998, 2000, 2001a, 2008, 2013), y se asocian a las vivencias de traumas intensos como maltrato físico y sexual, principalmente en la infancia (Coffeng, 2002, 2005, 2008; Warner, 1998, 2013), aunque también pueden presentarse como manifestaciones post-traumáticas a eventos producidos en la adultez (Coffeng, 2003). Estos procesos pueden ser difíciles de identificar en el contexto terapéutico, pero cuando se detectan aparecen como bloqueos significativos en que los clientes parecen estar ausentes, o bien como experiencias en que el cliente pierde la noción del tiempo, del contexto o del mismo terapeuta. También, se presentan cuando el cliente da cuenta de experiencias extrañas que experimenta como autónomas (como flashbacks, impulsos o estados de ánimos que parecen constituir una personalidad diferente a la del cliente, etc.). En algunas ocasiones, los clientes reportan que tienen recuerdos traumáticos, pero que al mismo tiempo no sienten nada acerca de ellos. La sensación de "no estar", de irrealidad o despersonalización son manifestaciones bastante comunes de este tipo de procesos.

Micro-procesos psicóticos

Suelen presentarse en los momentos más críticos del proceso frágil (Santen, 1988; Vanaerschot, 2004), y la mayoría de las veces aparece como una pérdida de la realidad social (como paranoia o delirios), pero también pueden presentarse como súbitas pérdidas de la realidad perceptual (como por ejemplo, oír voces). En la mayoría de los casos, no se trata de experiencias que lleven a una desorganización significativa de la personalidad, ni tampoco a quiebres sustanciales en el juicio de realidad. Estos micro-procesos psicóticos, al igual que los procesos disociativos, constituyen un caso crítico de la fragilidad relacional y experiencial que invitan a una aproximación empática altamente cuidadosa.

Procesos transferenciales

Los procesos transferenciales (Mearns, 2003) constituyen un caso más específico de lo que yo llamo fragilidad relacional. Desde una perspectiva centrada en la persona, usamos el término transferencia para referirnos a las actitudes intensas que los clientes expresan hacia sus terapeutas (por ejemplo, temor, erotismo, agresión, etc.), y aunque muy probablemente se han gatillado por reacciones actuales de los profesionales, los mismos clientes más tarde también las llegan a entender como actitudes que tienen su origen en/o repiten experiencias de otras relaciones pasadas o presentes. Es importante destacar que en el enfoque centrado en la persona no se considera que la transferencia sea el fenómeno nuclear para la psicoterapia, sin embargo, se reconoce la existencia de "actitudes transferenciales" (Rogers y Kinget, 1967; Gendlin & Zimring, 1955; Gendlin, 1968) por parte de los clientes. El desafío es comprender cómo los procesos transferenciales pueden presentarse en combinación con el proceso frágil para enfatizar el trabajo de clarificar junto al consultante qué sucede en la interacción terapéutica, para trascender estos fenómenos proyectivos-transferenciales (Mearns, 2003).

Procesos ego-sintónicos

También constituyen parte de la fragilidad relacional. Una descripción contemporánea (Mearns & Thorne, 1999) de los procesos ego-sintónicos los señala como modos arraigados de adaptación a contextos relacionales donde la aceptación y el afecto no eran seguros o confiables. La persona tuvo experiencias negativas cuando esperaba experiencias positivas, no había forma de predecir la relación y por lo tanto, a fin de sobrevivir, la persona necesitó 1) reducir o retirarse del apego, 2) encontrar formas de controlar la relación, y 3) encontrar formas de controlarse a sí mismo en la relación. Esto significó que la persona adoptara formas que le protegían de exponerse a nuevos rechazos o maltratos, pero sin tener mayor conciencia de los mecanismos que estaba implementado, y sin captar si éstos resultaban incómodos o dañinos para sí misma o para otros. La rigidez del proceso auto-protector generalizado puede variar desde una simple desconfianza, una actitud fría, aislada y solitaria, controladora, hasta una actitud agresiva y violenta (Mearns & Thorne, 1999; Proctor, 2004). También puede darse el caso en que la gravedad del proceso ego-sintónico llega a constituir un micro-proceso psicótico (como es el caso de la paranoia y los delirios). La comprensión de la persistencia de estos procesos de autoprotección en la terapia, van de la mano con la comprensión general de la facilitación del proceso frágil.

PSICOTERAPIA DEL PROCESO FRÁGIL

La comprensión del proceso frágil facilita que los terapeutas estén sensibilizados para comprender la complejidad de las experiencias de sus clientes, y les ayuda a tolerar las frustraciones de afrontar el proceso frágil en terapia. Un estilo de trabajo centrado en la persona es particularmente eficaz con la complejidad del proceso frágil debido a que permite que el consultante tenga control sobre el contenido, el estilo y ritmo de expresión en la terapia (Warner, 1991, 1998, 2001a).

La respuesta empática centrada en la persona crea el tipo de conexión y contención empática del cual han carecido estos pacientes a lo largo de sus vidas. Al principio, los clientes pueden sentir esta conexión como algo bastante ambivalente, porque por una parte encuentran la gratificación de sentirse comprendidos, mientras conectan experiencias que son complejas y dolorosas para ellos (Warner, 1991, 2008).

Los pacientes que cursan un proceso frágil necesitarán de un tiempo para sentirse bastante seguros con sus terapeutas, tanteando si pueden confiar en ellos, ya que a menudo son altamente sensibles a aspectos de control, manipulación, crítica, o rechazo en sus relaciones. Y mientras se mantienen expresando sus experiencias complejas, temerán aburrir, agobiar y perder la conexión del terapeuta (Warner, 1991).

La interacción con el proceso frágil requiere un alto nivel de habilidades de escucha, y un fuerte y permanente contacto psicológico por parte del terapeuta, ya que los clientes a menudo muestran una alta necesidad de sentirse aceptados y comprendidos pero que se mezcla con un modo complicado o problemático de relacionarse. Ellos necesitarán saber con claridad qué está pensando y sintiendo el terapeuta hacia ellos. Respecto de esto, pueden ser de ayuda las sugerencias de Gendlin (1968) acerca de cómo facilitar la congruencia y transparencia cuando se interactúa con consultantes problemáticos que incomodan al terapeuta.

Desde un punto de vista experiencial, la esencia de este trabajo centrado en la persona con el proceso frágil es estar muy cerca de las palabras, expresiones y significados del consultante, sin realizar intervenciones que transgredan su ritmo de expresión y reflexión, y que terminen invalidando sus puntos de vista. Esto facilita que el consultante pueda permanecer prestando atención a sus experiencias, por el tiempo suficiente y de manera aceptante, para poder experimentar un cambio terapéutico (Warner, 2013).

La interacción con un procesamiento complejo implica una especial atención a lo que el consultante comunica tentativa o indirectamente y para aquellas experiencias para las cuales aún no encuentran palabras, a fin de facilitar el proceso experiencial (Warner, 2001a).

La terapia centrada en la persona con el proceso frágil mantiene la conciencia de que los clientes juegan un rol activo en su proceso de sanación (Bohart & Tallman, 1999), enfatizando los aspectos relacionales (valoración, empatía y autenticidad) que potencian las capacidades internas del cliente para procesar sus experiencias, desarrollar un sentido integrado, estable y coherente de sí mismo, y fortalecer un sentido de agencia (Warner, 2008).

El trabajo centrado en la persona con el proceso frágil resalta la premisa de que los clientes pueden dirigir su proceso sin que los terapeutas tengan que intervenir con consejos, instrucciones de cambio conductual, o interpretaciones y confrontaciones que provengan del marco de referencia personal del terapeuta (Warner, 1991, 1998, 2008).

Todo lo anterior, facilita que el cliente pueda permanecer con sus experiencias con un mayor grado de seguridad, interactuar con el terapeuta con una menor tendencia a frustrarse hacia él, tolerar experiencias complejas, clarificar sentimientos, y desarrollar un sentido de sí mismo más estable e integrado (Warner, 2008).

REFLEXIONES Y PROYECCIONES

Como se ha apreciado, se ha tratado de exponer una descripción más amplia y detallada del "proceso frágil". Se considera que la profundización en el conocimiento de este tipo de proceso es altamente relevante para el desarrollo del concepto, ya que hasta la fecha sólo se han publicado unos cuantos trabajos que se refieren específicamente a él (Warner, 1991, 1998, 2000, 2001, 2008, 2013; Vanaerschot, 2004). Cabe destacar que el aporte de este escrito es exponer la pertinencia de examinar el proceso frágil considerando no sólo sus características distintivas, o sólo sus intensidades más comunes, sino que también desde una perspectiva diferenciada de sus dimensiones relacionales y experienciales. También se ha pretendido aportar a la comprensión de esto, al vincular otro tipo de procesos difíciles a la ocurrencia del proceso frágil. Todo lo anterior, es altamente necesario para realizar futuras y más profundas reflexiones acerca de su abordaje y tratamiento, más aún, considerando las amplias posibilidades del enfoque centrado en la persona, que incluye prácticas tan diferentes y a la vez tan valiosas como la terapia centrada en el cliente clásica (Rogers, 1957), la terapia experiencial de Gendlin (1996), la terapia proceso-experiencial/centrada en las emociones de Greenberg (Elliot & Greenberg, 2007), la terapia con orientación existencial de Mick Cooper y Dave

Mearns (Cooper & Mearns, 2005), o la Pre-Terapia de Garry Prouty (1994). El autor del escrito considera que todas ellas pueden aportar elementos significativos para abordar la complejidad de la relacionabilidad y de la experienciación en personas que presentan un proceso frágil recurrente. En todo caso, las reflexiones sobre el abordaje terapéutico del proceso frágil constituirán una tarea para futuros escritos.

COMENTARIOS FINALES

Andrea Pardo Bernini

Cuando fui invitada a ser parte del proyecto de escribir en este libro, me sentí honrada y convocada, junto a estos autores, a compartir una mirada particular de trabajar en salud mental con un sello especial, un sello que enfatiza y muestra un profundo respeto y valoración por el ser humano.

Al encontrarme con los distintos capítulos, me parece admirable cómo el enfoque centrado en la persona desde diversas esquinas o aplicaciones (según lo van desarrollando cada una de las autoras y autores desde su experiencia y conocimientos), se va consolidando en las ideas esenciales que lo sostienen, cual fuera el tronco de un gran roble que puede tener ramas con diferente formas, direcciones o tamaños, pero que sostenidas en este tronco le dan este sello especial.

Este roble sin duda es firme por sus raíces. Con esto, me refiero a las investigaciones y posteriores teorías desarrolladas por Carl Rogers, y a las ideas filosóficas que la enriquecen en la actualidad (como fue explicado en el capítulo 2). Si bien en sus inicios Rogers no se basó en el existencialismo y la fenomenología, sus ideas son muy cercanas: por ejemplo, la relevancia de visualizar al ser humano desde su subjetividad, su tendencia al crecimiento y, con ello, la priorización de la experiencia y de la relación terapéutica por sobre las técnicas. Este enfoque, al igual que las ideas del existencialismo, reafirma la visión del ser humano como alguien libre y responsable en la construcción de su existencia. Y, del mismo modo, la fenomenología también enriquece este enfoque cuando nos expresa en sus planteamientos cómo la subjetividad y la objetividad se entrelazan. Por lo tanto, nos invita a darle importancia a la experiencia personal más que a buscar categorías universales, humanizando mucho más el dolor que sufre una persona que presenta, por ejemplo, un "diagnóstico psicopatológico".

Otra raíz esencial en este gran roble que es el ECP es la ética, la que desde mi opinión está implicada en este encuentro íntimo, delicado con una persona que, en la mayoría de las veces, siente que algo le aqueja y acude a nosotros como profesionales que somos, otorgándonos de manera implícita un poder que suele estar relacionado con la confianza en una expertise profesional que les podría ayudar en su malestar. No obstante, por ningún motivo esto debiera quitarle poder al consultante de decidir a qué ritmo ir en su proceso, cuándo va a ir mostrando su mundo interno, qué pasos quiere ir dando, qué cambio quiere hacer, etc. No nos corresponde ejercer dominio sobre la persona. Nos corresponde acompañarle con interés, poniendo a disposición nuestras herramientas, con respeto y responsabilidad. También, confiar en que las personas saben qué es lo que necesitan y lo que puede ayudarle a dar respuesta a aquello, a veces solo requieren un espacio en compañía de alguien como nosotros o como tú con verdadero interés para que puedan escucharse a sí mismas y encontrar esa respuesta.

Ahora, cuando nos referimos a este tronco de roble (con el que vamos conectando cada autor y autora en los artículos), va quedando en esencia la importancia de cómo la relación terapéutica puede ser en sí misma una experiencia transformadora en algún grado o nivel, independientemente de si la persona es una niña o adulto, del motivo que le traiga a terapia o tratamiento, de la gravedad o deterioro que pueda tener. Si nos situamos existencialmente como alguien que cree que aquel que viene a pedirnos ayuda ha ido tomando los caminos que ha creído mejor para su vida y, por lo tanto, le respetamos en eso sin juicios, si nos disponemos con interés auténtico a conocer su mundo interno, si intentamos comprender su experiencia dejándonos tocar por ella y guiar en aquello por quien nos la está compartiendo en una dinámica de aceptación incondicional, empatía y autenticidad, iremos construyendo un espacio de confianza protegida y amorosa muy favorable.

En este sentido, me maravilla en estos artículos tanta expresión de amor a las personas que se atienden sin distinguir la edad, el dolor o deterioro que presenten. Y cuando digo amor, no me refiero a ese apego maternal o paternal sino a esa aceptación incondicional y valoración sólo por existir. Del mismo modo, también cómo van expresando el interés genuino de "estar presente", acompañarle en su camino de la mejor manera que sea posible, con toda su humanidad y existencia, dando señales explícitas de inclusión especialmente a las niñas y niños y en aquellas personas con daños psicopatológicos más severos (desarrollado en capítulo 4 y 5).

Ahora, si nos vamos a las ramas, me parece muy interesante y creativo como el ECP puede ampliarse e ir interactuando con otras aplicaciones como las artes expresivas (capítulo 6), la entrevista motivacional (capítulo 7) o el focusing, en donde el ECP se encuentra en la base de la relación terapéutica con las personas y se enriquece con propuestas de pasos o caminos que el consultante puede ir tomando en la medida que le va haciendo sentido en su proceso terapéutico. Esto muestra que este enfoque puede ser perfectamente compatible con el uso de distintos métodos en la medida que se respeten las condiciones necesarias desarrolladas en las actitudes que Carl Rogers nos presentó en sus reflexiones.

Finalmente, es muy necesario decir que todo lo planteado en estos comentarios y en este libro no es solo una mirada romántica de la psicología y la salud mental. Pues cada una de las reflexiones que se han desarrollado están avaladas también, por un sinfín de investigaciones científicas a través de los años, no solo por Rogers sino por muchos otros autores y autoras. Y han demostrado que estas condiciones que el ECP explica favorecen de manera significativa los procesos terapéuticos de las personas y facilitan sus posibilidades de cambio.

Me quiero quedar, por último, con una frase mencionada en el capítulo 2 “el conocimiento es siempre incompleto y de contornos múltiples” y la quiero dejar como una frase que nos inspire a explorar desde la experiencia otras posibles aplicaciones, otras posibles ramas que puedan aparecer en este gran árbol, con nuevas posibilidades de frutos. Y desde allí quizás podamos acercarnos al trabajo en salud mental y tal vez a la vida desde un encuentro humano más horizontal y respetuoso.

CRÉDITOS

Alejandro López Marín

Director y cofundador de Espacio ECP, psicólogo y magíster en educación universitaria por la Universidad San Sebastián. Formación de postítulo en psicoterapia con enfoque centrado en la persona por Fundación Centro para la Persona. Formación en enfoque centrado en la persona por Formação PSI. Psicólogo clínico especialista en psicoterapia certificado por el Colegio de Psicólogos de Chile. Formación en psicoterapia humanista-experiencial por Instituto IFDI. Diplomado en trastornos de personalidad por la Universidad de Santiago. Diplomado en focusing por Instituto IFDI. Diplomado en pedagogía para la Educación Superior por la Universidad Santo Tomás. Cursos de extensión en el enfoque centrado en la persona (trabajo con grupos, urgencias psicológicas, terapia de pareja, artes expresivas y pre-terapia) certificado por Conexão Formativa. Cuenta con experiencia en salud pública en atención primaria y secundaria. Ha realizado ponencias en Argentina, Colombia y Brasil, ha facilitado cursos y seminarios en distintas ciudades de Chile. Ha dictado charlas en Universidades de Chile y el extranjero, es docente en diplomados y especializaciones respecto a temas relacionados con la psicología clínica y el enfoque centrado en la persona. Actualmente se desempeña como psicoterapeuta en consulta privada, docente universitario y coordinador del diplomado en psicoterapia centrada en la persona de Espacio ECP.

Francisco Bahamonde Martínez

Cofundador de Espacio ECP, psicólogo humanista, licenciado en psicología por la Universidad San Sebastián. Formación en terapia de juego centrada en el niño/a por Centro NOAC. Formación en psicoterapia humanista-experiencial (F.O.T) por Instituto IFDI. Formación en acompañamiento de adolescentes desde el enfoque centrado en la persona por Instituto Intercambio. Diplomado en parentalidad, apego y desarrollo de la infancia por Fundación América por la Infancia. Diplomado en focusing por Instituto IFDI. Diplomado en psicodiagnóstico infanto-juvenil por Mentores Group. Su experiencia es principalmente con niños, niñas y adolescentes en procesos individuales y grupales, utilizando esencialmente terapia de juego centrada en el niño. Actualmente se desempeña como psicólogo escolar en la comuna de Puyehue y como psicoterapeuta infanto-juvenil en consulta privada. Ha dictado charlas para estudiantes de la carrera de psicología de la Universidad San Sebastián y la Universidad Cooperativa de Colombia sobre terapia de juego centrada en el niño.

Daniela Sáenz Galvis

Psicóloga y psicoterapeuta humanista centrada en la persona, terapeuta de juego centrada en el niño. Titulada de psicología en la Universidad de los Andes (Colombia). Maestría en psicoterapia centrada en la persona en la Universidad de Nottingham (Inglaterra) con especialización en terapia de juego centrada en el y la niño/a. Ha trabajado en colegios en Colombia, Taiwán e Inglaterra en los que ha tenido la fortuna de apoyar y acompañar a niños y niñas en su crecimiento cognitivo, emocional y social. También ha trabajado como psicóloga acompañando desde el enfoque centrado en la persona a víctimas del conflicto armado colombiano en procesos jurídicos. Esta línea de trabajo permite ejercer un rol político desde la psicología. Actualmente se dedica a la psicoterapia en consultorio privado.

"Desde mi experiencia profesional y personal, he aprendido que todos tenemos la capacidad de resolver nuestras dificultades. Me he interesado especialmente en el potencial de crecimiento de mis consultantes y su fortaleza interna".

Luis Robles Campos

Psicólogo titulado por la Universidad de Tarapacá. Egresado de magister en psicología clínica de adultos con mención en el Enfoque Humanista-Existencial por la Universidad de Chile. Focusing Trainer por The International Focusing Institute. Diplomado en prevención del suicidio por la Universidad de los Andes. Ha profundizado en la psicoterapia de los procesos difíciles desarrollado por Margaret Warner (proceso frágil, disociado y psicótico) y la pre-terapia desarrollado por Garry Prouty, que es una aplicación del enfoque centrado en la persona para personas con su capacidad de contacto deteriorada o disminuida, como es el caso de la psicosis, retraso mental, demencias, etc. Trabaja como psicólogo clínico en un Centro de Salud Mental (COSAM) en la región metropolitana, centro que atiende personas con cuadros psiquiátricos graves. Ha traducido diversos artículos sobre el enfoque centrado en la persona del inglés al español.

Andrea Pardo Bernini

Psicóloga Clínica Humanista-experiencial titulada de la Universidad Central. Postítulo en psicoterapia experiencial por Desarrollo y Personas Ltda. Formación en Focusing Orientado a la Terapia (F.O.T) por Instituto IFDI. Formación en psicoterapia integrativa de reducción de daños en el consumo problemático de sustancias psicoactivas por Fundación Paréntesis. Diplomado en focusing por Instituto IFDI. Cuenta con 17 años de experiencia en el trabajo clínico individual y grupal con personas adultas en el contexto de salud mental. Experiencia en el área de adicciones a nivel clínico y de gestión, en proyectos comunitarios y en psicoterapia individual y grupal. Actualmente se desempeña en el ámbito público y privado ejerciendo psicoterapia.

Ricardo García Jiménez

Psicólogo Clínico Humanista-Existencial, titulado por la Universidad de Tarapacá. Magister en Teoría y Práctica de la Psicoterapia Gestáltica por U. Mayor. Especialización en psicología clínica Fenomenológica Existencial por la Universidad Unyleya e Instituto NUCAFE. Formación en Psicoterapia Experiencial por Instituto IFDI. Diplomado en Psicoterapia Experiencial y Focusing por U. Adolfo Ibáñez. Focusing Trainer por The International Focusing Institute. Formación en Psicología Clínica en la perspectiva Fenomenológica-Existencial del Instituto IFEN. Formación Internacional en Terapia Gestalt aplicada a las Perturbaciones Contemporáneas por Istituto di Gestalt HCC Italy. Diplomado en Salud Mental y Psiquiatría Comunitaria. Ha participado de diversos grupos de estudios sobre el Enfoque Centrado en la Persona organizados por Conexão Formativa.

Es Psicólogo Clínico en un Centro de Salud Mental en Valdivia, centro que atiende a personas con cuadros psiquiátricos graves. Es docente a tiempo parcial en la Universidad Santo Tomás de Valdivia dictando la asignatura de fundamentos humanistas. Cuenta con experiencia en docencia universitaria de pre y postgrado.

Alberto S. Segrera

Mexicano, nacido en Cuba. Consultor, orientador, educador y conferencista internacional. Profesor Emérito de la Universidad Iberoamericana Ciudad de México. Licenciado en Psicología por la Université Catholique de Louvain. Especialista en Psicoterapia Centrada en la Persona y Maestro en Educación por la Universidad Iberoamericana. Creador de los Foros Internacionales del Enfoque Centrado en la Persona. Creador y administrador del grupo de Facebook International Forum for the Persons-Centered Approaches. Cofundador del programa de posgrado en Desarrollo Humano de la Universidad Iberoamericana. Miembro del Instituto Nacional de Investigación en Desarrollo Humano. Autor de diversos capítulos, artículos y presentaciones y coeditor de dos libros. Vive con su esposa en Ciudad de México, disfrutando de sus tres hijos y malcriando a sus seis nietos.

REFERENCIAS

Amatuzzi, M.M. (2001). *Por uma psicologia humana.* Alínea.

Amazuzzi, M.M. (2010). *Rogers; ética humanista y psicoterapia.* Alínea.

Araújo, I.C. & Freire, J.C. (2006). Alteridade e Psicologia Humanista: uma leitura ética da abordagem centrada na pessoa. *Estudos de Psicología, Campinas,* 23(4), 425-432.

Araújo, I.C. & Freire, J.C. (2017). Peter Schmid e a alteridade radical: retomando o diálogo entre rogers e lévinas. *Revista da Abordagem Gestáltica,* 23(2), 220-230.

Axline, V.M. (1947). *Play therapy.* Hougthon Mifflin.

Axline, V.M. (1975). *Terapia de juego.* Editorial Diana.

Axline, V.M. (2014). *Dibs en busca del sí mismo.* Publicacions De La Universitat De València.

Barceló, T. (2008). Cuerpos que escuchan: el acontecer de la empatía desde el proceso del enfoque corporal. *Miscelánea Comillas,* 66(128), 83-116.

Barceló, T. (2007). Carl Rogers y Eugene Gendlin: La relación que configuró un nuevo paradigma. En C. Alemany (Ed.), *Manual práctico del focusing de Gendlin.* Desclée de Brouwer.

Belmino, M. (2021). *Os Movimentos Humanista-Existencial e Fenomenológico-Existencial na Psicología: Entrelaçamentos Históricos em uma Narrativa Breve.* Simplíssimo.

Bezerra, M.E. (2007). *Um estudo crítico das psicoterapias fenomenológico-existenciais: terapia centrada na pessoa e gestalt-terapia.* Universidad Federal de Pará.

Bezerra, M.E. & Bezerra, E.N. (2012). Aspectos humanistas, existenciais e fenomenológicos presentes na abordagem centrada na pessoa. *Revista do NUFEN*, 4(2), 21-36.

Bohart, A.C. (1990). *A cognitive client-centered perspective on borderline personality development.* En G. Lietaer, J. Rombauts, & R. Van Balen (Eds.), *Client-centered and experiential psychotherapy in the nineties* (pp. 599-621). Leuven University Press.

Bohart, A.C. & Tallman, K. (1999). *How Clients Make Therapy Work.* American Psychological Association.

Bohart, A.C. (2017). A client-centered perspective on 'psychopathology', *Person-Centered & Experiential Psychotherapies,* 16(1), 14-26.

Bozarth, J. (1998). Remembering Eleanor: A different way of contact. *The Person-Centered Journal*, 5(1), 36-38.

Bozarth, J. (2013). *Unconditional Positive Regard.* En M. Cooper, M. O'Hara, P.F. Schmid, & G. Wyatt (Eds.), *The Handbook of Person-Centred Psychotherapy and Counselling* (2da ed., pp. 180-192). Palgrave Macmillan.

Bratton, S.C., Ray, D.C. Lindo, N.A., & Landreth, G. (2014). *Terapia de juego centrada en el niño (TJCN): teoría, investigación y práctica.* En A. Segrera, J. Cornelius-White, M. Behr, & S. Lombardi (Eds.), *Consultorías y psicoterapias centradas en la persona y experienciales: fundamentos, perspectivas y aplicaciones.* Gran Aldea Editores.

Bratton, S., Ray, D.C., Rhine, T., & Jones, L. (2005). The efficacy of play therapy with children: A meta-analytic review of treatment outcomes. *Professional Psychology: Research and Practice*, 36(4), 367-390.

Bryant-Jefferies, R. (2005). *Counselling Victims of Warfare: Person-Centred Dialogues.* Radcliffe.

Buber, M. (2006). *Yo y tú y otros ensayos.* Prometeo libros.

Center for Play Therapy. (2022, 13 de agosto). *Child Centered Play Therapy Certification.* https://cpt.unt.edu/child-centered-play-therapy-certification

Clarke, C. (2006). Pre-Therapy: A carer's perspective of Prouty's contact work. *The Meriden West Midlands Family Programme Newsletter*, 2(11), 5-8.

Coffeng, T. (1998). Pre-experiencing: a way to contact trauma and dissociation. *The Folio,* 17(1), 43-53.

Coffeng, T. (2002). Contact in the therapy of trauma and dissociation. En G. Wyatt & P. Sanders (Eds.), *Rogers' therapeutic conditions: Evolution, theory and practice. Volume 4: Contact and perception* (pp. 153-167). PCCS Books.

Coffeng, T. (2002). *Two phases of dissociation, two languages.* En J.C. Watson, R.N. Goldman, & M.S. Warner (Eds.), *Client-centered and Experiential Psychotherapy in the 21st Century* (pp. 325-38). PCCS Books.

Coffeng, T. (2003). Trauma, Imaginery and Focusing. *Person-Centered and Experiential Psychotherapies,* 3(4), 277-288.

Coffeng, T. (2005). The therapy of dissociation: Its phases and problems. *Person-Centered and Experiential Psychotherapies,* 4(2), 90-105.

Coffeng, T. (2008). The therapy of dissociation: Its phases and problems. En G. Prouty (Ed.), *Emerging developments in Pre-Therapy: a Pre-Therapy reader* (pp. 147-163). PCCS Books.

Cooper, M. (2014). Entre la libertad y la desesperanza: cuestionamientos y contribuciones existenciales a la terapia centrada en la persona y experiencial. En A. Segrera, J. White, M. Behr, & S. Lombardi (Eds.), *Consultorías y psicoterapias centradas en la persona y experienciales; Fundamentos, perspectivas y aplicaciones* (pp. 207-225). Gran Aldea Editores.

Cornelius-White, J. (2013). Congruence. En M. Cooper, M. O'Hara, P.F. Schmid, & G. Wyatt (Eds.), *The Handbook of Person-Centred Psychotherapy and Counselling* (2da ed., pp. 193-208). Palgrave Macmillan.

Dodds, P., Morton, I., & Prouty, G. (2004). Using Pre-Therapy techniques in dementia care. *Journal of Dementia Care*, 12(2), 25-28.

Ecken, J. & Bierman-Ratjen, E. (1998). The treatment of borderline personality disorder. En L. Greenberg, J. Watson, & G. Lietaer (Eds.), *Handbook of experiential psychology* (pp. 349-367). Guilford Press.

Eckert, J. & Wuchner, M. (1996). Long-term development of borderline personality disorder. En R. Hutterer, G. Pawlowsky, P.F. Schmid, & R. Stipsits (Eds.), *Client-centered and experiential psychotherapy: A paradigm in motion* (pp. 213-233). Peter Lang.

Elliot, R. & Greenberg, L. (2007). The essence of process-experiential/Emotion-Focused Therapy. *American Journal of Psychotherapy*, 61(3), 241-254.

Fonseca, A.H. (1998). *Trabalhando o legado de Carl Rogers. Sobre os fundamentos fenomenológicos existenciais.* Gráfica Editora Bom Conselho Ltda.

Freeth, R. (2007). The person-centred approach to severe psychopathology and psychosis. En R. Freeth (Ed.), *Humanizing psychiatry and mental health care. The challenge of the person-centred approach* (pp. 149-161). Radcliffe Publishing.

Freire, E.S. (2013). Empathy. En M. Cooper, M. O'Hara, P.F. Schmid, & G. Wyatt (Eds.), *The Handbook of Person-Centred Psychotherapy and Counselling* (2da ed., pp. 165-179). Palgrave Macmillan.

Freitas, A. & Maliszewski, R. (2016). A busca de contato psicológico com autisma através de préterapia: um estudo de caso. *Revista Thêma et Scientia,* 6(2E), (pp. 31-51).

García, A. (1998). *Heidegger un pensador insoslayable.* Ediciones del copista.

Gehart, D. (2016). Person-Centred Counseling and Psychotherapy. En D. Gehart (Ed.), *Theory and Treatment Planning in Counseling and Psychotherapy* (2da ed., pp. 129-162). Cengage Learning.

Gendlin, E.T. (1961a). Experiencing: A variable in the process of therapeutic change. *American Journal of Psychotherapy,* 15(2), 233-245.

Gendlin, E.T. (1961b). Initiating psychotherapy with "unmotivated" patients. *Psychiatric Quarterly,* 35, 134-139.

Gendlin, E.T. (1962a). *Experiencing and the creation of meaning.* Free Press of Gleacce.

Gendlin, E.T. (1962b). Client-centered developments and work with schizophrenics. *Journal of Counseling Psychology,* 9(3), 205-212.

Gendlin, E.T. (1962c). Need for a new type of concept: Current trends and needs in psychotherapy research on schizophrenia. *Review of Existential Psychology and Psychiatry,* 2(1), 37-46.

Gendlin, E.T. (1963). Subverbal communication and therapist expressivity: Trends in client-centered therapy with schizophrenics. *Journal of Existential Psychiatry,* 4(14), 105-120.

Gendlin, E.T. (1964a). A theory of personality change. En P. Worchel & D. Byrne (Eds.), *Personality change* (pp. 100-148). John Wiley & Sons.

Gendlin, E.T. (1964b). Schizophrenia: Problems and methods of psychotherapy. *Review of Existential Psychology and Psychiatry,* 4(2), 168-179.

Gendlin, E.T. (1966a). Research in psychotherapy with schizophrenic patients and the nature of that "illness." *American Journal of Psychotherapy,* 20(1), 4-16.

Gendlin, E.T. (1966b). Existencialismo y Psicoterapia experiencial. En C. Alemany, (Ed.), *Psicoterapia Experiencial y Focusing; La aportación de E.T. Gendlin* (pp. 31-60). Desclée de Brouwer.

Gendlin, E.T. (1967). Therapeutic procedures in dealing with schizophrenics. En C.R. Rogers, E.T. Gendlin, D.J. Kiesler, & C.B. Truax (Eds.), *The Therapeutic Relationship and Its Impact: A Study of Psychotherapy with Schizophrenics* (pp. pp. 369-400). University of Wisconsin Press.

Gendlin, E.T. (1968). The experiential response. En E. Hammer (Ed.), *The Use of Interpretation in Treatment* (pp. 208-227). Grune & Stratton.

Gendlin, E.T. (1969). Focusing. *Psychotherapy: Theory, Research and Practice,* 6(1), 4-15.

Gendlin, E.T. (1973). Experiential Psychotherapy. En R. Corsini (Ed.), *Current Psychotherapies* (pp. 317-352). F.E Peacock Publishers.

Gendlin, E.T. (1978). *Focusing: Proceso y técnica del enfoque corporal.* Mensajero.

Gendlin, E.T. (1996). *Focusing-oriented psychotherapy: A manual of the experiential method.* Guilford Press.

Gendlin, E.T. (1999). *El focusing en psicoterapia; Manual del método experiencial.* Editorial Paidós.

Gendlin, E.T. & Zimring, F. (1955). The qualities or dimensions of experiencing and their change. *Counseling Center Discussion Papers,* 1(3):1-27.

Giovanetti, J. (2007). *Psicoterapia fenomenológico-existencial; Fundamentos filosófico-antropológicos.* Via Verita.

Gondra, J.M. (1978). *La psicoterapia de Carl Rogers; sus orígenes, evolución y relación con la psicología científica.* Desclée de Brouwer.

Greenberg, L., Watson, J., & Lietaer, G. (1998). *Handbook of experiential psychotherapy.* Guilford Press.

Grindler, D. (1982). 'Clearing a Space' With a Borderline Client. *The Focusing Folio,* 2(1), 5-10.

Guadiana, L. (2003). Las artes expresivas centradas en la persona: un sendero alternativo en la educación y la orientación. Entrevista a Natalie Rogers. *Revista Electrónica de Investigación Educativa,* 5(2), 1-11.

Haas, O. de (1981). Gestructureerde gesprekstherapie bij borderline dienten. *Tijdschrift voor psychotherapie,* 7, 70-80.

Hart, J. (1970). The development of client-centered therapy. En J. Hart & T. Tomlinson (Eds.), *New directions in client-centered therapy* (pp. 3-22). Houghton Mifflin.

Hilsenroth, M. (2017, Agosto). *Obituary: Eugene Gendlin (1926–2017).* American Psychological Association. https://www.apa.org/pubs/journals/pst/obituary-eugene-gendlin.

Hinterkopf, E., Prouty G., & Brunswick L. (1979). A pilot study of Pre-Therapy Method applied to chronic schizophrenic patients. *Psychosocial Rehabilitation Journal,* 3, 11-19.

Hycner, R. (1995). *De Pessoa a Pessoa; Psicoterapia dialógica* (3ra ed.). Editorial Summus.

Joseph, S. & Worsley, R. (Eds.). (2005) *Person-Centred Psychopathology: A Positive Psychology of Mental Health.* PCCS Books.

Kinget, G.M. (1967). *La transferencia y el diagnóstico.* En C.R. Rogers & G.M. Kinget (Eds.), *Psicoterapia y relaciones humanas; Práctica de la terapia no dirigida. Volumen 1* (pp. 241-274). Editorial Alfaguara.

Lambers, E. (2003). Borderline personality disorder. En D. Mearns (Ed.), *Developing person-centred counselling* (pp. 109-112). Sage.

Landreth, G. (2018). *La terapia del juego.* Ediciones Obelisco.

Landreth, G. & Wright, C. (1997). Limit setting practices of play therapists in training and experienced play therapists. *International Journal of Play Therapy,* 6(1), 41-62.

Landreth, G., Ray., D., & Brantton, S. (2009). Play therapy in elementary schools. Psychology in the Schools. 46(3): 281-289.

Lanteri-Laura, G. (1965). *Psiquiatría fenomenológica: Fundamentos filosóficos.* Traguel.

Lara, S. (2013). Explorando la persona del psicólogo, su sí mismo, a través de sus relatos vivenciales, acercamiento desde la teoría humanista–experiencial [Tesis doctoral]. Universidad de Chile.

LeBlanc, M. & Ritchie, M. (2001). A meta-analysis of play therapy outcomes. *Counseling Psychology Quarterly,* 14, 149-163.

Lin, Y. & Bratton, S.C. (2015). A meta-analytic review of child-centered play therapy approaches. *Journal of Counseling and Development,* 93(1), 45-58.

López, A. (2018). Psicoterapia Experiencial Orientada al Focusing: Una Visión General. *Revista de Psicoterapia*, 29(110), 241-256.

López, A. (2019). Reflejar en el enfoque centrado en la persona y experiencial. *Revista En-foco,* 3,11-15.

Carrick, L. & McKenzie, S. (2011). A Heuristic examination of the application of Pre-Therapy skills and the person-centered approach in the field of Autism. *Person-Centered & Experiential Psychotherapies*, 10(2), 73-88.

Martínez, Y. (2011). *Filosofía Existencial para terapeutas y uno que otro curioso.* Ediciones LAG.

McWilliams, K. & Prouty, G. (1988). Life enrichment of a profoundly retarded woman: An application of Pre-Therapy. *The Person-Centered Journal*, 5(1), 29-35.

Mearns, D. (2003). *Developing Person-Centred Counselling.* Sage.

Mearns, D. & Thorne, B. (1999). *Person-Centred Counselling in Action* (2da ed.). Sage.

Mearns, D. & Thorne, B. (2011). *Counseling Centrado en la Persona En Acción.* Gran Aldea Editores.

Mearns, D. & Cooper, M. (2005). *Working at relational depth in counselling and psychotherapy.* Sage.

Merleau-Ponty, M. (1962). *The phenomenological field, Phenomenology of Perception.* Humanities Press.

Miller, W.R. (1983). Motivational interviewing with problem drinkers. *Behavioural Psychotherapy, 11*(2), 147-172.

Miller, W.R. (2014). Celebrating Carl Rogers: Motivational Interviewing and the Person-Centered Approach. *Motivational Interviewing: Training, Research, Implementation, Practice*, 1(3), 4-6.

Miller, W.R. & Rollnick, S. (1999). *La entrevista motivacional, preparar para el cambio de conductas adictivas.* Editorial Paidós.

Miller, W.R. & Rollnick, S. (2015). *La entrevista motivacional, ayudar a las personas a cambiar* (3ra ed.). Editorial Paidós.

Moon, K., Rice, B., & Schneider, C. (2001). Stanley W. Standal and the Need for Positive Regard. En J.D. Bozarth & P. Wilkins (Eds.), *Rogers' therapeutic conditions: Evolution, theory and practice. Volume 3: Unconditional positive regard* (pp. 19-34). PCCS Books.

Moreira, V. (2010). Revisitando as fases da abordagem centrada na pessoa. *Estudos da Psicologia Campinas*, 27(4), 537-544.

Moreira, V. & Bloc, L. (2021). *Fenomenología Clínica.* Editorial IFEN.

Moreira, V. (2001). *Más allá de la persona; hacia una psicoterapia fenomenológica mundana.* Editorial Universidad de Santiago.

Murphy, D. & Hayes, C. (2015). Person-centered therapy. En H. Tinsley, S. Lease, & N. Giffin Wiersma (Eds.), *Contemporary Theory and Practice in Counseling and Psychotherapy* (pp. 295-322). Sage.

Murphy, D. & Joseph, S. (2016). Person-centered therapy: Past, present, and future orientations. En D.J. Cain, K. Keenan., & S. Rubin (Eds.), *Humanistic psychotherapies: Handbook of research and practice* (2da ed., pp. 185-218). American Psychological Association.

Nogueira, T. & Albertoni, L. (2020). ECP y fenomenología: aproximaciones entre comprensión empática y reducción fenomenológica; no dirección y epoché. *Revista Espacio ECP*, 1(1), 16-30.

O'Hara, M. (2016). Natalie Rogers: Artist, Healer, Activist—1927-2015. *Journal of Humanistic Psychology, 56*(5), 561–566.

Oliva, L. (2021). *Desarrollo humano en infantes.* Imaginaria

Orange, D. (2012). *Pensar la práctica clínica.* Editorial Cuatro Vientos.

Orange, D. (2015). *Nourishing the Inner Life of Clinicians and Humanitarians: The Ethical Turn in Psychoanalysis.* Routledge.

Perls, F. (1969). *The Ego as a function of the organism. Ego, Hunger and Aggression.* Random House.

Person-Centered Expressive Arts (2022, 15 de septiembre). Natalie Rogers. Url: https://personcenteredexpressivearts.com/natalie-rogers-1928-2015/

Peters, H. (2005). Pre-Therapy from a developmental perspective. *Journal of Humanistic Psychology, 45,* 62-81.

Pre-Therapy International Network. (2022, 10 de abril). *Prouty's Pre-Therapy: The Essence contact work, A Carer's Perspective.* www.psychological-wellbeing.co.uk

Proctor, G. (2004a). Responding to Injustice: Working with angry and violent clients in a person-centred way. En D. Jones (Ed.), *Working With Dangerous People: The psychotherapy of violence* (pp.99-115). Radcliffe Medical Press.

Proctor, G. (2004b). Borderline Personality Disorder: Mental illness or misogyny. *Therapy Today*, 21(2), 16-21.

Proctor G. (2007). Disordered boundaries? A critique of 'borderline personality disorder'. En H. Spandler & S. Warner (Eds.), *Beyond fear and control: working with young people who self-harm* (pp- 105-120). PCCS Books.

Prouty, G. (1976). Pre-Therapy: A method of treating pre-expressive psychotic and retarded patients. *Psychotherapy: Theory, Research and Practice*, 13, 290-295.

Prouty, G. (1977). Protosymbolic method: a phenomenological treatment of schizophrenic hallucinations. *Journal of Mental Imagery*, 2, 339-342.

Prouty, G. (1983). Hallucinatory Contact: a phenomenological treatment of schizophrenics. *Journal of Communication Therapy*, 2, 99-103.

Prouty, G. (1994). *Theoretical evolutions in person-centered/experiential therapy. Applications to schizophrenic and retarded psychoses.* Praeger.

Prouty, G. (1998). Pre-Therapy and pre-symbolic experiencing: Evolutions in Person-Centered/Experiential approaches to psychotic experience. En L. Greenberg, J. Watson, & G. Lietaer (Eds.), *Handbook of experiential psychotherapy* (pp. 388-409). Guilford.

Prouty, G. (2001a). Pre-Therapy: a treatment method for people with mental retardation who are also psychotic. En A. Dosen & K. Day (Eds.), *Treating mental illness and behavior disorders in children and adults with mental retardation* (pp. 153-166). American Psychiatric.

Prouty, G. (2001b). A new mode of empathy: Empathic contact. En S. Haugh & T. Merry (Eds.), *Rogers' therapeutic conditions: Evolution, theory and practice. Volume 2: Empathy* (pp. 155-162). PCCS Books.

Prouty, G. (2001c). The practice of Pre-Therapy. *Journal of Contemporary Psychotherapy*, 31(1), 31-40.

Prouty, G. (2003). Pre-Therapy: A newer development in psychotherapy of schizophrenia. *Journal of the American Academy of Psychoanalysis and Dynamic Psychiatry*, 31(1), 59-73.

Prouty, G. (2004). The hallucination as the unconscious self. *Journal of the American Academy of Psychoanalysis and Dynamic Psychiatry*, 32(4), 597-612.

Prouty, G. (2007). Pre-Therapy: The application of contact reflections. *American Journal of Psychotherapy,* 61, 283-295.

Prouty, G. (2008). *Emerging Developments in Pre-Therapy: A Pre-Therapy Reader.* PCCS Books.

Prouty, G., Van Werde, D., & Porter, M. (2002). *Pre-Therapy: Reaching Contact Impaired Clients.* PCCS Books.

Quinn, A. (2011). A person-centered approach to the treatment of borderline personality disorder. *Journal of Humanistic Psychology*, 51(4), 465-491.

Quitmann, H. (1989). *Psicología Humanística, Conceptos fundamentales y trasfondo filosófico.* Editorial Herder.

Ray, D.C., Armstrong, S.A., Balkin, R.S., & Jayne, K.M. (2015). Child-centered play therapy in the schools: Review and meta-analysis. *Psychology in the Schools,* 52(2), 107-123.

Ray. D.C. (2011). *Advanced Play Therapy: Essential Conditions, Knowledge, and Skills for Child Practice.* Taylor and Francis Group.

Rice, L.N. (1974). The evocative function of the therapist. En D.A. Wexler & L.N. Rice (Eds.), *Innovations in Client-Centered Therapy* (pp. 289-311). John Wiley & Sons.

Robles, L. (2006, Noviembre). La Sensación con Sentido. *El experiencing en movimiento.*

http://focusingexperiencial.blogspot.com/2006/11/la-sensacin-con-sentido_18.html.

Rogers, C.R. (1942). *Counseling and Psychotherapy.* Houghton Mifflin.

Rogers, C.R. (1947). Some observations on the organization of personality. *American Psychologist,* 2(9), 358-368.

Rogers, C.R. (1951). *Client-centered therapy.* Houghton Mifflin.

Rogers, C.R. (1957a). The necessary and sufficient conditions of personality change. *Journal of Consulting Psychology,* 21, 95-103.

Rogers, C.R. (1957b). A Note on the Nature of Man. *Journal of Counseling Psychology*, 4, 199-203.

Rogers, C.R. (1959). A theory of therapy, personality, and interpersonal relationships as developed in the client-centered framework. En S. Koch (Ed.), *Psychology: A study of science. Vol. 3 Formulation of the person and the social context* (pp. 184-256). McGraw Hill.

Rogers, C.R. (1961a). A Theory of Personality with Schizophrenics and a Proposal for Its Empirical Investigation. En J.G. Dawson, H.K. Stone, & N.P. Dellis (Eds.), *Psychotherapy with Schizophrenics.* Louisiana State University Press.

Rogers, C.R. (1961b). *El Proceso de Convertirse en Persona.* Editorial Paidós.

Rogers, C.R. (1961c). *On becoming a person.* Constable.

Rogers, C.R. (1962a). Some Learnings from a Study of Psychotherapy with Schizophrenics. *Pennsylvania Psychiatric Quarterly*, Summer, 3-15.

Rogers, C.R. (1962b). A Study of Psychotherapeutic Change in Schizophrenics and Normals: The Design and Instrumentation. *Psychiatric Research Reports,* 15, 51-60.

Rogers, C.R. (1975). Empathic: An unappreciated way of being. *The Counseling Psychologist,* 5, 2-10.

Rogers, C.R. (1977). *On Personal Power: Inner strength and its revolutionary impact.* Delacorte.

Rogers, C.R. (1980). *A way of being.* Houghthon Mifflin.

Rogers, C.R. & Stevens, B. (1980). *Persona a persona. El problema de ser humano una nueva tendencia en psicología.* Amorrortu Editores.

Rogers, C.R., Gendlin, E.T., Kiesler D.J., & Truax, C.B. (Eds.). (1967). *The Therapeutic Relationship and Its Impact: A Study of Psychotherapy with Schizophrenics.* University of Wisconsin Press.

Rogers, N. (julio de 1982, Oaxtepec, México). *The creative connection* [Presentación en conferencia]. I Fórum Internacional da Abordagem Centrada na Pessoa, México.

Rogers, N. (1993). *The Creative Connection: Expressive Arts as Healing.* Science & Behavior Books.

Rogers, N., Tudor, K., Embleton, L., & Keemar, K. (2012). Person-centered expressive arts therapy: A theoretical encounter. *Person-Centered and Experiential Psychotherapies,* 11(1), 31-47.

Roy, B. (1991). A client-centered approach to multiple personality and dissociated process. En L. Fusek (Ed.), *New directions in client-centered therapy: Practice with difficult populations* (pp. 18-40). Chicago Counseling and Psychotherapy Research Center.

Santen, B. (1988). Focusing with a borderline adolescent. *Person-Centered Review,* 3(4), 442-462.

Schmid, P.F. (2001). *Authenticity: The person as his or her own author: Dialogical and ethical perspectives on therapy as an encounter relationship: And beyond.* En G. Wyatt (Ed.), *Rogers' therapeutic conditions:*

Evolution, theory, and practice. Volume 1: Congruence (pp. 213-228). PCCS Books.

Schmid, P.F. (2002). Knowledge or acknowledgement? Psychotherapy as the "art of not-knowing". Prospects on further developments of a radical paradigm. *Person Centered and Experiential Psychotherapies,* 1(1&2), 56-70.

Schmid, P.F. (2003). The Characteristics of a Person-Centered Approach to Therapy and Counseling: Criteria for identity and coherence. *Person-Centered & Experiential Psychotherapies*, 2(2), 104-120.

Schmid, P.F. (2004). Volver al consultante: Un enfoque fenomenológico del proceso de comprensión y diagnóstico. En A. Segrera, J. White, M. Behr, & S. Lombardi (Eds.), *Consultorías y psicoterapias centradas en la persona y experienciales; Fundamentos, perspectivas y aplicaciones* (pp. 227-245). Gran Aldea Editores.

Schmid, P.F. (2006). Preguntándose para responder. *Polis* 15(5).

Schmid, P.F. (2013). The anthropological, relational and ethical foundations of person-centred therapy. En M. Cooper, M. O'Hara, P.F. Schmid, & A.C. Bohart (Eds.), *The Handbook of Person-Centred Psychotherapy and Counselling* (pp. 66-83). Palgrave Macmillan.

Schmid, P. & Mearns, D. (2006). Estar-con y estar-en contra: Psicoterapia centrada en la persona como un proceso de personalización co-creativo en profundidad. En A. Segrera, J. White, M. Behr, & S. Lombardi (Eds.), *Consultorías y psicoterapias centradas en la persona y experienciales; Fundamentos, perspectivas y aplicaciones* (pp. 141-162). Gran Aldea Editores.

Shlien, J. (1961). A client-centered approach to schizophrenia: First approximation. En A. Burton (Ed.), *Psychotherapy of the psyches* (pp. 285-317). Basic Books.

Smyth, D. (2013). *Person-Centred Therapy with Children and Young People.* Sage.

Sommerbeck, L. (2003). *The client-centred therapist in psychiatric contexts.* PCCS Books.

Souza, C.P., Callou, V.T., & Moreira, V. (2013). A questão da psicopatologia na perspectiva da abordagem centrada na pessoa: diálogos com Arthur Tatossian. *Revista da Abordagem Gestáltica,* 19(2), 189-197.

Standal, S.W. (1954). *The need for positive regard: A contribution to client-centred theory* [Tesis doctoral, sin publicar]. Universidad de Chicago.

Swildens, H. (1990). Client-centered psychotherapy for patients with borderline symptoms. En G. Lietaer, J. Rombauts, & R. Van Balen (Eds.), *Client-centered and experiential psychotherapy in the nineties* (pp. 623-635). Leuven University Press.

Tassinari, M. (2020). A Utilização de recursos expressivos em psicoterapia, a criatividade e ampliação da consciência. En M. Pinto (Ed.), *Abordagem centrada na pessoa e algunas de suas posibilidades* (pp. 63-71). Encontro ACP.

Tatossian, A. & Moreira, V. (2012). *Clínica do Lebenswelt; Psicoterapia e psicopatología fenomenológica.* Editorial Escuta.

Truax, C. (1970). Effects of client centered psychotherapy with schizophrenics patients: Nine years post therapy. *Journal of Counseling and Clinical Psychology,* 35, 417-422.

Van Blarikom, J. (2006). A person-centered approach to borderline personality disorder. *Person-Centered and Experiential Psychotherapies*, 5, 155-173.

Van Werde, D. (1998). Anchorage as a core concept in working with psychotic people. En B. Thorne & E. Lambers (Eds.), *Person-Centred Therapy: A European perspective* (pp. 195-205). Sage.

Van Werde, D. (2002). Dealing with the possibility of psychotic content in a seemingly congruent communication. En D. Mearns (Ed.), *Developing Person-Centered Counseling* (2da ed., pp. 125-127). Sage.

Van Werde, D. (2003). Prouty's Pre-Therapy and contact work with a broad range of person's pre-expressive functions. En G. Wyatt & P. Sanders (Eds.), *Rogers' therapeutic conditions: Evolution, theory and practice. Volume 4: Contact and perception* (pp. 168-181). PCCS Books.

Van Werde, D. (2005). Facing Psychotic functioning: Person-centered contact work in residential psychiatric care. En J. Stephen & R. Worsley (Eds.), *Person-Centred Psychopathology: A Positive Psychology of Mental Health* (pp.158-168). PCCS Books.

Van Werde, D. (2007). Contact work in a residential psychiatric setting: bridging person, team and context. En P. Sanders (Ed.), *The contact work primer* (pp. 60-71). PCCS.

Van Werde, D. & Morton, I. (1999). The relevance of Prouty's Pre-Therapy to dementia care. En I. Morton (Ed.), *Person-Centered approaches to dementia care* (pp. 139-166). Oxon Publishing.

Vanaerschot, G. (2004). It takes two to tango: On empathy with fragile processes. *Psychotherapy: Theory, Research and Practice,* 41, 112-124.

Vieira, E.M. (2009). Sobre a proposta de conhecimento presente na teoría Rogeriana, ou da sabedoria residente na ignorância. *Revista do NUFEN,* 1(2), 4-19.

Vieira, E.M. (2017). *Ética e psicologia: uma investigação sobre os ethos da terapia centrada na pessoa* [Tesis doctoral, Universidad Federal de Minas Gerais.]. Repositorio Institucional UFMG.

Vieira, E.M. & Freire, J.C. (2006). Alteridade e psicologia humanista: uma leitura ética da abordagem centrada na pessoa. *Estudos de Psicologia Campinas,* 23, 425-432.

Warner, M.S. (1991). Fragile process. En L. Fusek (Ed.), *New directions in client-centered therapy. Practice with difficult client populations. Monograph Series 1* (pp. 41-58). Chicago Counseling and Psychotherapy Center.

Warner, M.S. (1997). Does empathy cure? En A. Bohart & L. Greenberg (Eds.), *Empathy reconsidered* (pp. 125-140). American Psychological Association.

Warner, M.S. (1998). A client-centered approach to therapeutic work with dissociated and fragile process. En L. Greenberg, J. Watson, & G. Lietaer (Eds.), *Handbook of experiential psychology* (pp. 368-387). Guilford Press.

Warner, M.S. (2000). Person-centred therapy at the difficult edge: A developmentally based model of fragile and dissociated process. En D. Mearns & B. Thorne, *Person-centred therapy today. New frontiers in theory and practice* (pp. 144-171). Sage.

Warner, M.S. (2001a). Empathy, relational depth and difficult client process. En S. Haugh & T. Merry (Eds.), *Rogers' therapeutic conditions: Evolution, theory and practice. Volume 2: Empathy* (pp.181-191). PCCS Books.

Warner, M.S. (2002). Psychological contact as meaningful presence and human nature: A reformulation of person-centered theory. In G. Wyatt & P. Sanders (Eds). *Contact and perception* (pp. 76-95). PCCS Books.

Warner, M.S. (2008, 13-15 de octubre, Beijing China). *A Client-Centered Approach to Difficult Client Experiences. State of the Art* [Presentación en conferencia]. Quinto Congreso del "World Council for Psychotherapy", Pekín, China. https://adpca.org/wp-content/uploads/2020/11/A-Client-Centered-Approach-to-Difficult-Client-Experiences_Margaret-S.-Warner.pdf

Warner, M.S. (2013). Difficult client process. En M. Cooper, M. O'Hara, P.F. Schmid, & G. Wyatt (Eds.), *The Handbook of Person-Centred Psychotherapy and Counseling* (2da ed., pp. 343-358). Palgrave Macmillan.

Wexler, D.A. (1974). A cognitive theory of experiencing, self-actualization and therapeutic process. En D.A. Wexler & L.N. Rice (Eds.), *Innovations in Client Centered Therapy* (pp. 49-115). Wiley.

Wilkins, P. (2016). *Person-Centred Therapy: 100 Key Points* (2da ed.). Routledge.

Worsley, R. & Joseph, S. (Eds.). (2007). *Person-Centred Practice: Case Studies in Positive Psychology*. PCCS Books.

Made in the USA
Coppell, TX
14 June 2026

81505327R00122